口絵１　「浅間焼吾妻川利根川泥押絵図」．天明の浅間山大噴火（1783年）では泥流が吾妻川を経て利根川下流域まで押し寄せた（第３章２節参照）．所蔵・写真提供：群馬県立歴史博物館．

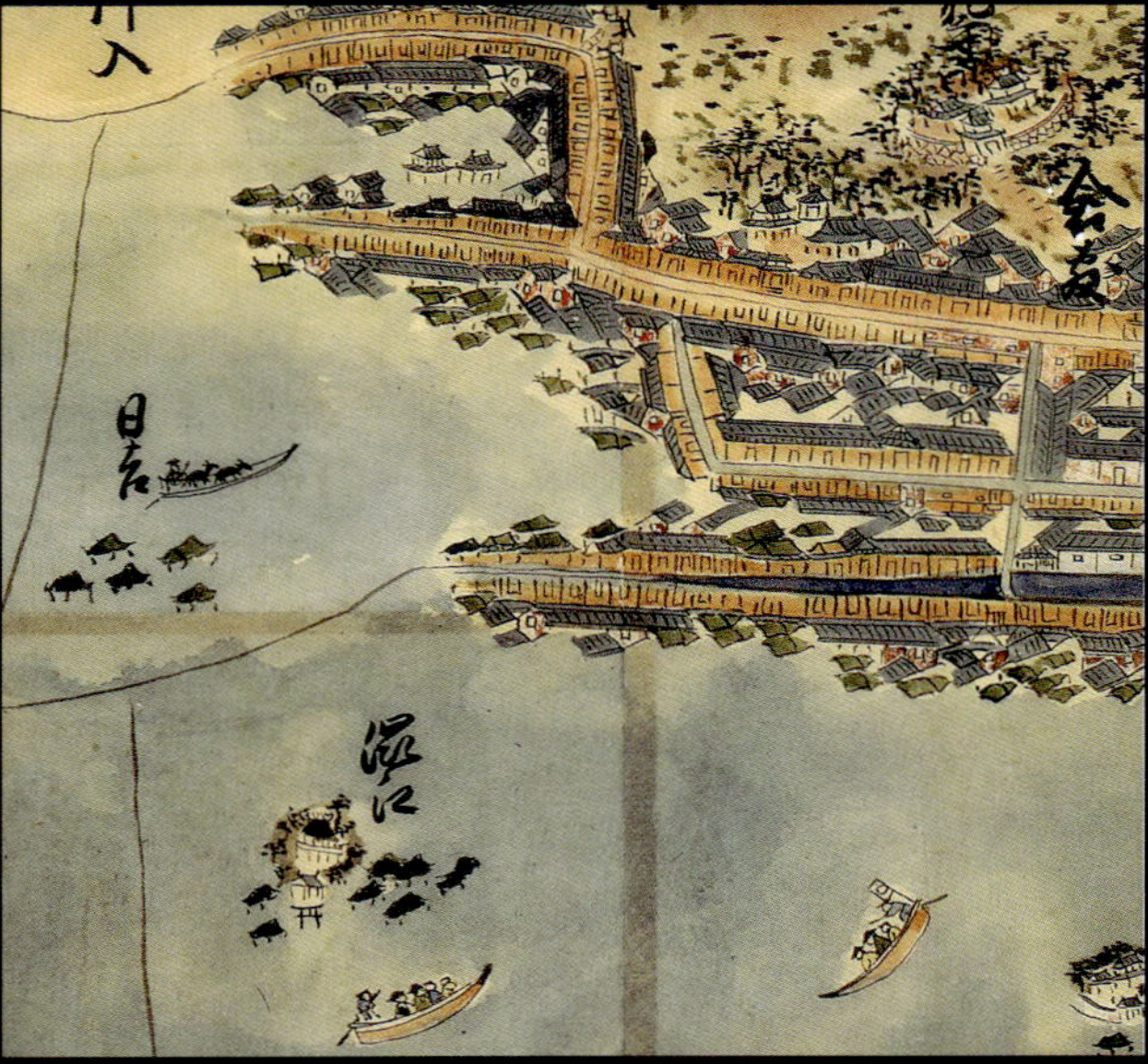

口絵２　「嘉永三年水難絵図」．1850年，岡山県西部の高梁川が決壊し，多くの村が水没した（第４章３節参照）．下図は全体図の左上の部分を拡大したもので，現在の倉敷駅付近から南の地域．所蔵・写真提供：倉敷市（亀山家文書）．

中公新書 2376

倉地克直著

江戸の災害史

徳川日本の経験に学ぶ

中央公論新社刊

まえがき

活動期に入った地震列島

わたしたちの生活は、日本列島上で営まれている。だから、列島の自然と切り離して考えることはできない。この列島の大地が、現在活動期に入っていると言われる。

二〇世紀の後半はどちらかというと災害の少なかった時期であった。それが変化する始まりは、阪神淡路大震災だ。平成七年（一九九五）一月一七日の明け方に起きたこの地震では、六四三七人の犠牲者が出た。地震の大きさを示すマグニチュード（M）は七・三。都市災害の脅威をまざまざと見せつけられた。

その後の大きな地震を年表ふうにあげてみると、次のようだ。

平成一二年（二〇〇〇）一〇月六日　鳥取県西部地震　M七・三
平成一三年（二〇〇一）三月二四日　芸予《げいよ》地震　M六・七
平成一五年（二〇〇三）五月二六日　三陸南地震　M七・一
同　年　七月二六日　宮城県沖地震　M六・四
同　年　九月二六日　十勝沖《とかちおき》地震　M八・〇
平成一六年（二〇〇四）九月五日　紀伊《きい》半島南東沖地震　M七・一
同　年　一〇月二三日　新潟県中越《ちゅうえつ》地震　M六・八
平成一七年（二〇〇五）三月二〇日　福岡県西方沖地震　M七・〇
平成一九年（二〇〇七）三月二五日　能登《のと》半島地震　M六・九
同　年　七月一六日　新潟県中越沖地震　M六・八
平成二〇年（二〇〇八）六月一四日　岩手・宮城内陸地震　M七・二

このうち最も大きな被害となったのは中越地震で、家屋の全半壊は一万六九八五棟、死者六八人、その多くが高齢者であった。三年後の中越沖地震では、柏崎刈羽《かしわざきかりわ》原子力発電所が世界で初めて地震によってごく軽度ではあったが被災している〔宇佐美他 2013〕。

地震と並ぶ自然災害に、火山の噴火がある。平成一二年（二〇〇〇）に起きた三宅島《みやけじま》雄山《おやま》の噴火では、住民が全島避難を余儀なくされ、いまだに多くの住民が帰島できていない。平成三年・四年（一九九一・九二）には雲仙普賢岳《うんぜんふげんだけ》の噴火があった。平成三年六月三日の火砕流では一挙に四三人が犠牲になっている。

そして平成二三年（二〇一一）三月一一日に東北地方太平洋沖地震が起きる。M九・〇の巨大地震は大津波を引き起こし、死者・行方不明者あわせて二万一九三五人という大災害となった。これに東京電力福島第一原子力発電所の事故が加わり、多くの住民が故郷を追われることになった。

同年九月の台風一二号による豪雨では、全国で死者・行方不明者九二人という被害が出た。とくに紀伊半島で大規模な土砂崩れが発生し、熊野川《くまのがわ》が氾濫《はんらん》した。平成二六年（二〇一四）八月二〇日には、広島市北部で集中豪雨による土砂災害で七四人が亡くなっている。同じ年の九月二七日、多くの登山者がいた御嶽山《おんたけさん》で水蒸気爆発が起き、死者五八人・行方不明者五人という被害が出たことも記憶に新しい。このところ災害報道はとぎれるときがない。

災害と歴史学

二〇世紀から二一世紀への変わり目は、第二次世界大戦後続いてきた世界の情勢が大きく転換する時期でもあった。「東西冷戦体制」の終結とともに世界各地で局地紛争が激発し、市場万能主義が謳歌《おうか》されるなか国際的にも国内的にも格差構造が深まり、深刻な「貧困」が広がった。二〇〇一年九月一一日、アメリカで同時多発テロが起きる。ニューヨークの世界貿易センタービル崩壊は衝撃的で、この「同時多発テロ」事件全体の犠牲者は三〇〇〇人を超えると言われている。これに続くアフガニスタン侵攻やイラク戦争から、世界はテロと報復の連鎖という泥沼に陥る。

この出来事は二一世紀の世界が直面するに違いない課題を突きつけたが、わたしたちはその後の世界政治の動きに有効に対処できているとはとても言えない。二〇一一年三月一一日以降に起きている出来事も、同じように、二一世紀のわたしたちの生活文化のあり方を根本的に問い直すことを促すものであった。

しかし、現実は真っ直ぐには進まない。紆余曲折《うよきょくせつ》する動きに抗しながら、未来を見据えていかなければならない。そんな厳しいステージが続いている。これからも世界は一〇年単位ぐらいでガラッと大きく変わっていくだろう。

地球上に暮らす限り、わたしたちは自然がもたらす災害から逃れることはできない。わたしたちは、自然の変化にうまく対処する方法を見つけ出しながら、生存を長引かせるしか道はないだろう。そのために、過去の人びとが自然や災害とどのように付き合ってきたか、歴史に学ぶことは少なくないはずだ。

ところが、災害についての歴史研究は、とても十分だと言えるような状況ではない。地震に限ってみても、関連する文献資料の収集すら地震学者が先行する状況であった。もちろん自然災害の理解のためには自然科学の研究成果に依拠しなければならないことは言うまでもない。しかし、歴史学固有の役割もあるはずだ。

とりわけ、自然災害は種類によって発生などのメカニズムが異なるために、自然科学では対象とする災害によって個別化せざるをえない。それに対して歴史学においては、さまざまな災害を通じて人びとや社会がどのように反応したかを総合的に問うことができる。いわゆる「災害の社会史」といったものである。そしてさらには、災害を通じて作り出された「生存」のシステムについて検討してみることも必要だろう。本書では、江戸時代、徳川日本の経験を振り返ることで、そのことを考えてみようと思う。

江戸時代は、江戸に徳川幕府が開かれていた時期を指している。徳川家康《とくがわいえやす》が征夷大将軍《せいいたいしょうぐん》に任じられたのは慶長《けいちょう》八年（一六〇三）、徳川慶喜《よしのぶ》が将軍職を解かれたのが慶応《けいおう》三年（一八六七）だ。厳密に言えばこの期間が江戸時代ということになるが、前後をもう少し広げて考えるのが一般的だ。本書では、江戸時代を四つの時期に分けて、それぞれの時期の特徴が明らかになるように述べてみたいと思う。また、各時期の区切りにコラムを設け、災害の記憶と記録について話題を提供することにした。

以下本書での年月日の表記は当時の旧暦のままである。日本年号の後ろに西暦を付したが、換算は厳密ではなく、一般的な年表の表記による。人物の年齢も、満年齢ではなくいわゆる数え歳である。史料を引用する場合は、現代文に訳したり読みやすいように表記を改めたところがある。おくりがなも多めに付けた。記述は多くの先行研究によっているが、本書の性格上、参照文献の表示は最小限にとどめ、〔前島 1984〕のようなかたちで表記した。巻末の参考文献を参照していただきたい。なお、本書における地震情報は、主に宇佐美龍夫他『日本被害地震総覧 599-2012』（東京大学出版会、二〇一三年）によっている。

江戸の災害史†目次

第4章「徳川システム」の疲労

江戸の災害史

徳川日本の経験に学ぶ

はじめに

具体的な叙述を始めるまえに、日本史のなかで江戸時代の災害がどのような特徴を持っているか、また、徳川社会を本書ではどのようにとらえているか、ということを述べておきたい。

災害史における江戸時代

日本列島では歴史上、どのような災害がどれほど起こっているのだろうか。これを正確につかむことは極めて困難だ。『日本災異志《さいいし》』という書物がある。明治二六年（一八九三）に小鹿島果《おがしまはたす》が編纂《へんさん》したもので、正史や日記など文献資料を参照して作られたものだ。残された記録の性格によって事実の把握に精粗があるだろうし、その後の史料の発見や考古学の成果などによれば、さらに多くの事例を付け加えることができるだろう。ただし、ここでは全体の傾向がわかれば十分なので、これによってみよう。

【表1】は、『日本災異志』に見える災害を種類別に集計したものだ。年代は一〇〇年ごとに区分けした。一般に時代が新しくなるに順《したが》って記録資料は増加するから、それにともなって件数も増えると思われがちだが、必ずしもそうではない。数字には、それぞれの事情が存在するようだ。

飢饉《ききん》や疫癘《えきれい》は、記録が増えるわりに江戸時代の数はそれほど多くない。むしろ、八、九世紀の古代の多さが目立つ。律令国家が飢饉や疫癘に関心を持っていたことの結果ではあろうが、実際にも多かったに違いない。江戸時代に減少するのは、凶作や疾病への対策が相対的に改善されたことを予想させる。

火山の噴火や津波は、江戸時代に多くなる。記録の増加や人びとの見聞する範囲が広がったことによるのだろう。たとえば、蝦夷地《えぞち》

洪水	疫癘	火災	噴火	地震	津波
1	2	1		2	
8	5	14	1	24	2
17	36	11	4	90	2
33	32	74	8	487	5
28	28	61	2	103	1
13	20	108	2	65	2
21	12	88	5	58	
14	10	133	7	100	2
14	10	67	6	79	2
55	31	89	11	90	3
27	17	40	23	123	3
65	9	170	25	69	10
85	32	205	38	39	16
45	9	402	12	34	5
426	253	1,463	144	1,363	53

（北海道）や離島の噴火は、古くは中央の人びとの耳目に触れることはなかったが、列島本土の人びとが渡り住み、情報が流通するようになって、次第に記録されることも増えたのだろう。

地震は、古代・中世の多さが特異だ。地方の情報が少なく京都などの事例が中心なのに、この多さである。都城に籠居《ろうきょ》する貴族たちは、ささやかな天変地異にも吉凶を占った。小さな凶事でも、それを払う呪法《じゅほう》を行った。この多さは、貴族たちの恐怖感の反映なのだろう。このことから、災害における心理的・精神的側面の重要性を考慮する必要があることがわかる。他方、江戸時代には、噴火と同じように地方で起きた地震の情報も増えるが、件数の増加はそれほどでもない。実際に被害があ

年　代	飢饉	大風	旱魃	霖雨
～ 600（推古８）	1			
601（推古９）～ 700（文武４）	5	9	7	7
701（大宝元）～ 800（延暦19）	50	43	22	13
801（延暦20）～ 900（昌泰３）	48	61	28	28
901（延喜元）～1000（長保２）	9	43	16	14
1001（長保３）～1100（康和２）	4	27	14	9
1101（康和３）～1200（正治２）	15	34	7	11
1201（建仁元）～1300（正安２）	5	63	8	1
1301（正安３）～1400（応永７）	10	22	11	6
1401（応永８）～1500（明応９）	26	44	8	9
1501（文亀元）～1600（慶長５）	15	24	12	7
1601（慶長６）～1700（元禄13）	16	65	14	9
1701（元禄14）～1800（寛政12）	14	102	10	12
1801（享和元）～1869（明治２）	7	40	8	8
計	225	577	165	134

表１　『日本災異志』にみる災害
出所：小鹿島〔1893〕より作成.

った場合を記録するような、現実的な対応になったのだと考えられる。

大風や洪水は、江戸時代にむしろ多い。生産活動の広がりや生産条件への関心の深まりが、記録の増加につながったのではないか。大河川の下流域での耕地開発が進んだことにより、水害を受けやすくなったということもあるだろう。

火災も江戸時代の多さが目立つ。京都は古代以来の都市であったが、江戸時代には江戸と大坂という巨大都市が出現する。各地にも城下町や宿場町・湊町《みなとまち》など多くの都市が誕生した。都市は家屋が密集しており、いったん火事になると被害も大きい。基本的には、全国的に都市化が急速に進んだ結果だと考えて間違いないだろう。

こうしてみると、耕地の拡大や都市化といった人びとの活動の広がりと災害とが深い関係にあることがうかがえるし、被害や復興といった現実的な問題から災害をとらえる傾向が進んでいることもわかるだろう。

気候変動

他方、災害が地球をめぐる自然環境に大きく規定されていることも忘れてはならない。地震や噴火は、地殻の変動によって起きる。なかにはおおまかな周期をもって起きるものもある。飢饉や疫癘は、気象の異常によって引き起こされることが多い。大風・旱魃《かんばつ》・霖雨《りんう》

（長雨）などは異常気象そのものだ。火災は人為的なものだが、寒冷な気候と季節風などの気象条件によって大火になることが多い。気候も、大きなサイクルを描きながら周期的に変化していることが歴史気象学によって明らかにされてきている〔前島1984、前島・田上1982〕。

　飢饉は凶作の結果なのだが、凶作は旱害や冷害、暴風雨や洪水によって引き起こされる。とくに旱害や冷害は深刻な被害をもたらすことが多い。八、九世紀の古代に飢饉が多いことは先に見たとおりだが、その原因の多くは旱魃であった。【表1】にも旱魃が多いことは現れている。旱魃と飢饉の激化は衛生環境や健康状態の悪化をもたらし、疫病が大流行する。旱魃という異常気象が、旱害・飢饉・疫癘という災害連鎖をもたらすのだ。

　少雨という気象現象がただちに旱害に結びつくわけではない。しかし、古代には用水などは未整備であった。大阪の河内《かわち》平野をうるおす狭山池《さやまいけ》のような国家プロジェクトもあったが、限られた特殊な地域のことだ。溜池《ためいけ》の造営などが行基《ぎょうき》や空海《くうかい》の事績として伝説化したのも、旱害の克服が人びとの悲願であったことを示している。こうした社会的な条件が被害を増幅したことは間違いないのだが、もともと古代には旱魃という異常気象が顕著だったことも確かだろう。

　これが、一二世紀になると旱魃は減少する。一般に一〇〜一二世紀は、温暖な気候であったと言われている。気温は、現在と比べても二〜三度も高かったという。それにあわせて、

一五五〇〜一六一〇	寒冷	近世小氷期
一六一〇〜一六五〇	非常に寒冷	第1小氷期（元和・寛永小氷期）
一六五〇〜一六九〇	温暖	第1小間氷期
一六九〇〜一七二〇	非常に寒冷	第2小氷期（元禄・宝永小氷期）
一七二〇〜一七四〇	寒冷	第2小氷期（元禄・宝永小氷期）
一七四〇〜一七八〇	温暖	第2小間氷期
一七八〇〜一八二〇	寒冷	第3小氷期（寛政・天保小氷期）
一八二〇〜一八五〇	非常に寒冷	第3小氷期（寛政・天保小氷期）
一八五〇〜一八八〇	寒冷	第3小氷期（寛政・天保小氷期）
一八八〇〜		←現在へ

図1　江戸時代の気候変動
出所：前島〔1984〕より作成.

稲作限界が東北地方を次第に北進した。しかし、その結果として冷害の影響がまともに現れるようになる。飢饉の原因として、長雨や冷夏が増加する。

ついで、一四、一五世紀には、気候は気まぐれに変動したが、それでも一五世紀までは大雪や寒冬の記録は少ない。全体としては温暖期が続いていた。それが、一六世紀になると急激に寒冷化するという。

以上は日本列島の状況なのだが、地球規模で見ても、九〇〇年～一三〇〇年の間は「中世の温暖期」で、それに続く一五五〇年～一八八〇年までは寒冷期であった。この時期には山岳氷河や海氷が最終氷期以降で最も発達しており、「小氷期 Little Ice Age」と呼ばれている。日本列島の江戸時代は、まさにこの寒冷期にすっぽり入っている。

ただし、同じ寒冷期といっても、そのなかで寒暖は周期的に変動したようだ。歴史気象学では、江戸時代の気候変動が【図1】のように考えられている。これによれば、四〇〜五〇年の周期で寒冷な時期と温暖な時期とが、繰り返していたことがわかる。江戸時代の飢饉として有名なのは「寛永《かんえい》の飢饉」「享保《きょうほう》の飢饉」「天明《てんめい》の飢饉」「天保《てんぽう》の飢饉」なのだが、いずれも寒冷な気象状況であったことが確かめられるだろう。

戦争と平和

戦争も人びとに多大の災厄をもたらすものだ。一五世紀から一六世紀にかけての戦国時代は、列島各地で戦闘が絶えなかった。それに対して江戸時代は、まれにみる平和な時代であった。寛永一五年（一六三八）に島原天草一揆《しまばらあまくさいっき》が終わり元治《げんじ》元年（一八六四）に長州戦争が始まるまで、二二〇年以上にわたって国の内外での本格的な戦争も大規模な戦闘もなかった。これが「徳川の平和」と言われる。

これに対して同じ時期のヨーロッパは、戦争と平和の繰り返しであった。一六世紀にはキリスト教徒が新教と旧教に分かれて争う宗教戦争が各地で続いている。一七世紀の前半には三〇年戦争があった。一八世紀になるとフランスのルイ一四世が周辺国との戦争を繰り返し、オランダ・イギリス戦争、スペイン継承戦争と続く。さらに一八世紀の末にはアメリカ独立戦争が起こり、フランス革命が干渉戦争からナポレオン戦争へと展開した。

戦争は社会に緊張をもたらし、平和は緊張を弛緩《しかん》させる。平和は社会にある種の自由をもたらす。社会にはさまざまな矛盾がある。その矛盾が社会に緊張をもたらし、時に戦争を引き起こすのだが、戦争になると多くの矛盾は棚上げとなる。戦争が終わると棚上げされていた矛盾が顕在化し、しばらくするとそれが再び社会に緊張をもたらすようになる。緊張と弛緩が呼吸のように繰り返された。

戦争はそれまでに蓄積された社会の富や力を消耗させる。平和は消耗されたものの回復に始まり、やがて新しい蓄積につながる創造が続く。平和の時代に学術・文化・産業が発展した。戦争と平和は消耗と創造を演出し、社会システムや生活スタイルは螺旋《らせん》状に変化していった。それがヨーロッパの発展につながった。

それに対して徳川日本で外見的な平和が二〇〇年以上にわたって続いたのは、徳川日本が生み出した「平和のシステム」が存在したからだ。それは次のような内容を持っていた。

一つは、徳川将軍を頂点とする「公儀」というシステムだ。将軍が領主層の共同利害を体現することで、領主間紛争が回避された〔朝尾 1994〕。戦国時代の戦闘と豊臣秀吉《とよとみひでよし》の朝鮮出兵の悲惨な体験が、その背後にあったことは言うまでもない。

二つは、「鎖国」と呼ばれる外交システム。これによって対外的緊張の回避が図られた。もちろんこれは全く閉ざされたシステムではなかった。よく知られるように朝鮮、琉球《りゅうきゅう》、中国・オランダ、アイヌと「四つの口」を通じてつながるものであった〔荒野 1988〕。ヨーロッパ勢力のアジアからの一時的後退と清《しん》による大陸の強力な支配とが東アジアの相対的安定をもたらしていたことも、背景として重要であった。

三つは、領主による領民支配の基調が「撫民《ぶみん》」におかれるようになること。建前であれ「仁政《じんせい》」理念が共有され、一揆・徒党は禁止されたが、訴願のルートは保証されていた。「村請《むらうけ》制」のもとで村役人を中心としたある程度の「自主的」な運営が保証されるなど、支配—被支配の激突を緩和するためのシステムがつくられた〔深谷 1993〕。

「いのち」の環境

しかし、江戸時代は本当に平和だったのだろうか。一体平和とはなんだろうか。

たしかに戦争はなかったが、じつは江戸時代は、わたしたちが想像する以上に生き延びるのに苦労の多い時代であった。

江戸時代の平均寿命は正確にはわからないが、一九世紀末の日本では、男四二・八歳、女四四・三歳と言われている。江戸時代も四〇歳代前半と考えて間違いないだろう。この時代に六〇歳で「還暦」を祝うことはまれだ。それよりも重視されたのは「四二歳賀《さいが》」で、村に残された「祝儀帳」は、「四二歳賀」のものが多い。これがだれもがする「歳祝《としいわ》い」の最後だったのだろう。もちろん八〇歳、九〇歳まで生きる人もいたが、そういう人は特別で、領主から褒賞される対象だった。

とくに子どもは生きにくかった。生まれた子どもの半分は五歳までに亡くなった。多産多死であったため、どの家族でも平均すれば子ども数は二、三人であった。また出産は危険をともなうため、出産前後に亡くなる女性も少なくなかった。医療・衛生環境、食料・栄養事情などが十分でなかったのは言うまでもない。

そのうえにさまざまな災害が徳川日本を襲った。もちろん災害はいつの時代にも起きる。しかし、過疎地と過密都市との災害を比べてみればわかるように、同じ災害でも社会に与える影響は異なっている。

江戸時代の前期には、急激な人口増加と国土開発が起きている。それぞれの動向を追ってみると、人口は一七世紀に二倍から二・五倍に急増するが、一八世紀は四・五パーセントの減少、一九世紀になって八・五パーセント増加する〔鬼頭 1983〕。耕地は、一七世紀に一・五倍に増加し、一八世紀は横ばい、ないし微増、一九世紀は再び増加に転じている。ここから、人口も耕地も一七世紀末にほぼ飽和状態になったと考えられる。そうした状況のもとで災害が頻発する。つまり、江戸時代は災害が社会に特別な意味を与える歴史段階であったのではないだろうか。

江戸時代の一般的な庶民の家族は、単婚小家族と言われる。平均的な家族数は、地方や時期によってやや異なるが、四人から七人程度であった。労働力の中心は一組の夫婦で、子どもや老人も相応の働きが求められた。こうした小家族では、夫婦の一方が倒れるとすぐ危機に陥る。耕地が少なく経済的な余裕のない家族ではなおさらであった。大雑把に言って、江戸時代中ごろの村で、二代、三代を超えて存続する家族は半数ほどであった。あとは潰《つぶ》れるか村から姿を消した。それでも戸数や人口が維持されたのは、余裕のある家族が分家を繰り返したからだ。同族関係が広がり、そうした家族が婚姻で結びつく。その親族ネットワークが家族を支えた。

厳しい生活環境と頻発する災害による消耗。そこから回復し生活を維持するために、人びとはそれにふさわしい生活態度を身につけ、それが世代を超えて受け継がれた。人びとはさまざまな営みを行い、さまざまな動きを起こした。そのなかで、「生きる」力が蓄えられ、「生きる」システムが工夫されたに違いない。文化の創造も「生きる」ことの表現ではなかっただろうか〔倉地 2015〕。

いずれにしても、徳川日本が、人の「いのち」が自然の脅威と偶然性に支配されていた社会であったことを押さえておきたい。

徳川日本人の名刺

こうした江戸時代に、何が人びとの「いのち」を支えただろうか。説明は少し回りくどくなるが、かつて『徳川社会のゆらぎ』〔倉地2008〕で使った「名刺」の比喩《ひゆ》がわかりやすいので、またそれを使って説明してみよう。

もし徳川日本人が名刺を持っていたら、そこにはどんな肩書きが書かれているだろうか。江戸時代の一般庶民が、自分のことを他人に紹介するとき、どのように自分を表現しただろうか、ということだ。それは、たとえば幕府の裁判に提出する書類や全国を旅行する通行手形にどのように名乗っていたかということから知ることができる。

こころみに一枚の名刺を作ってみよう。

a 松平新太郎様御領分
b 備前国御野郡津島村
c 一郎右衛門倅
d 太郎

傍線a・b・cがd「太郎」という人物の肩書きにあたる部分である。傍線aの松平新太郎《まつだいらしんたろう》は、現在の岡山県南部を領知した岡山藩の初代藩主池田光政《いけだみつまさ》のこと。この肩書きは、「太郎」がその岡山藩の領民であることを示している。この場合は領主が大名なのだが、旗本領であればたとえば「戸川内蔵助《とがわくらのすけ》様御知行所」と書かれるし、幕府領であれば支配代官の名前を付けてたとえば「千種《ちぐさ》清右衛門様御支配所」と書かれる。つまり、最初の傍線aのところでは領主支配が表示される。

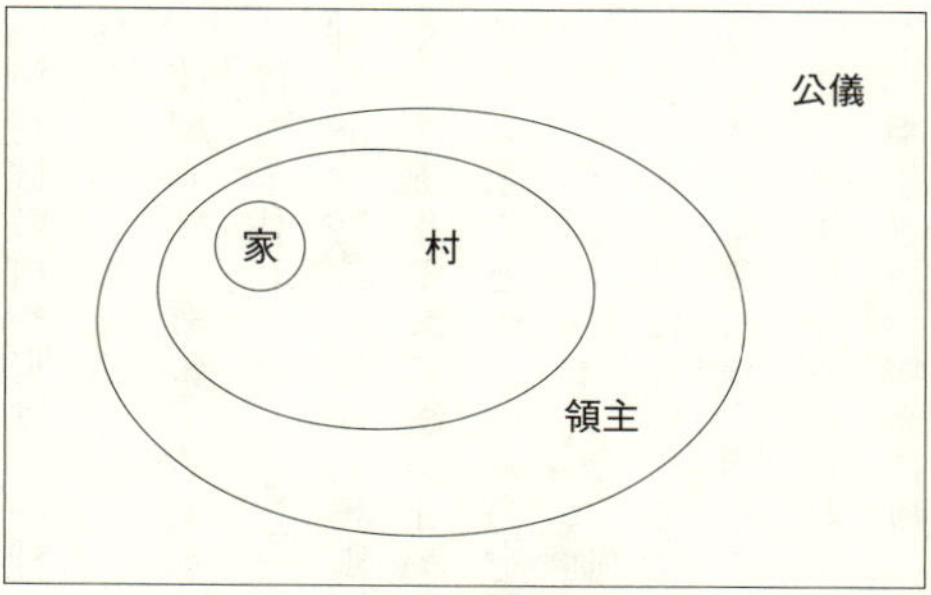

図2　「いのち」を守る三つの関係

　次の傍線bは、いまの住所表示と同じように思われるが、そうではない。ここでは、村や町といった所属する地縁団体と身分が表示されている。本来なら「津島《つしま》村百姓」と書かれるが、「平人《へいにん》」である「百姓」の表示は省略されることが多い。「平人」以外の「えた」や「説経《せっきょう》」など差別された身分の場合は必ず書き加えられた。また、町であればたとえば「岡山栄町《さかえちょう》」と書かれ、借家人であればたとえば「高知屋庄左衛門店《たな》」とか「借家人」と付け加えられる。

江戸時代の村や町は、一種の法人格を持った身分団体であった。傍線bは、所属する身分団体を表示している。

傍線cは、所属する「家」を表示する。江戸時代に個人は「家」を単位として把握された。「倅《せがれ》」の代わりに、「娘」や「妻」「父」「母」など戸主との続柄、「下人」「下女」といった隷属的な地位で書かれることもある。傍線dの「太郎」自身が戸主であれば、cの部分はなくて傍線bの次に傍線dがきて、そのまま「太郎」と書かれる。この場合は「太郎」という語が「家」と個人の両方を表示していることになる。

これが徳川日本人の名刺に書かれた肩書きの意味である。「太郎」は裸の個人として存在しているのではない。領主支配・身分団体・「家」という三つの関係に包まれて存在しているのだ。この三つの関係において「太郎」は基本的に従属的な位置にあるのだが、そのことによって生活を支えられているということもできる。逆に言えば、この三つの個別的な関係から見放された場合には、生活や「いのち」の保証はないということだ。

この名刺は徳川日本の内で通用するものだ。「太郎」が運悪く漂流民になってしまったとしよう。するとかれは、異国の役人に対して傍線aからdの前に「日本」とか「大日本国」とか付けて名乗ることになる。この「日本」を外国に対して代表しているのは徳川将軍だ。だから、当時の国家を「徳川日本」と呼ぼう。その国土・国民に対する統治権を持つことから、徳川幕府や将軍は「公儀」と言われた。ただし「公儀」は、「太郎」との間に先の三つのような個別的な関係を直接に持っているわけではない。「公儀」による統治はあくまでも領主支配を媒介として行われるものであり、「公儀」と人びとの関わりは基本的に「公共」的なものであった。

徳川日本の地域性

ここで述べた諸団体の間の相互関係には、その成立をめぐる時間差や地方の事情による偏差があり、実際には多様な様相を示すことになる。日本列島は南北に長く、そのなかは自然条件も歴史的由来も異なる空間に分かれている。領主は、「公儀」の法と秩序に従ったが、その範囲内では領地に対する「自分仕置《しおき》」を認められていた。そのため、徳川日本は、明治以降の国民国家のような統一性を持つことはなく、分散性を本質的に持っていた。

先の「いのち」を守る三つの関係で言えば、「家」や身分団体の機能に大きな違いはなかったが、領主支配については領主の大小による違いがあった。一国程度やそれ以上の一円領地を持つ大大名と、小さな大名や旗本では領地支配のあり方は大きく異なった。幕府領も全国に散在しており、地域一円的な支配は困難であった。このため、大きな藩が一円的に支配する藩領域と、小大名・旗本・寺社の領地や幕府領が混在する非領国地帯とが、列島上にまだらに散在することになった。このことも、徳川日本の分散性を強めることに作用した。以下、具体的な事例にもとづいて災害と社会の関係について述べていくが、こうした「地域性」についても気に掛けておいていただきたい。

災害をめぐる心性

最後に、江戸時代の人びとの社会や自然についての考え方についても見ておこう。

戦国時代から江戸時代の初めにかけて、「天道《てんどう》」という言葉がしきりに使われた。「天道」は、自然・社会・人間を現実にあるように存在させ、位置付けているものである。豊穣《ほうじょう》や幸福・繁栄は「天道」に逆らわなかった結果であり、だから「天道の恵み」だ。人の世は「天下」（天の下）であり、政治や人の行いは「天道」に則《のっと》って行わなければならない。それから外《はず》れれば、「天譴《てんけん》」（天の譴《いまし》め）が下る。江戸時代人はそう考えた。

中世は神仏の時代であった。中世を克服しようとした武士たちは、神仏を超える権威を「天」や「天道」に求めた。耕作を業《わざ》とする庶民は、自然に従うことの意味をよく理解した。それは「天」を素朴に尊崇する心性を養った。こうして「天」や「天道」が人びとに共通する原理として受け容《い》れられようになった。「天」や「天道」に体系性を与えたのは、儒学の「天理」の思想であった。江戸時代には、儒学を中心に仏教も神道も一体であるという三教一致の観念が通俗的な社会通念となった。尾藤正英《びとうまさひで》はこうした意識状況を「国民的宗教」のはじまりとみている〔尾藤 1992〕。

人びとは「天道」に従って生きようとする。「天」と「人」とは通じており、「天道」に従って生きることによって「人」は「天」と一体となることができる。それを生きる支えとする人びとも少なくなかった。しかし、「天」は本来的に人知や人力を超えている。「人事を尽くして天命を待つ」のが江戸時代人の心性だ。

「天災」は「天」が人に下した「罰」であり「誡《いまし》め」であるという観念は中国に起こり、日本でも古くから受け容れられていた。「天道」観念の深まった江戸時代には、天変地異が悪政を改めるように促す「天譴」だという考えも広まった。

現在は「一世一元」制だから、天皇の代替わりによって元号が変えられるが、明治より前にその制はなく、同じ天皇のもとでもたびたび改元が行われた。とくに天変地異によって改元されることが少なくなかった。改元するのは、「天命」に従って政治を改めるという姿勢を示すことであった。庶民は改元によって「天命」が改まることを期待した。

列島の民俗に、「はやり正月」というものがある。災害などの続く凶年に、正月を前倒しして行うことで、その凶年を早く終わらせようという民俗だ。こうして年が替わることを「世直《よなお》り」と呼んだ。「世直り」というのは、リセットの儀式であり、過去をチャラにして新しく生き直そうという決意がこめられている。災害によって改元されることも、庶民にとっては「世直り」であった。

災害が続くと「天譴」論が強まり、人びとの不安が深まると「世直り」願望が高くなる。その様相にも目配りしながら、徳川日本における災害の状況やそれに対する国家・社会と人びとの対応とを、時の流れに従って振り返ってみよう。

第1章　徳川日本の成立と災害

1　慶長期の災害

慶長年間（一五九六〜一六一五）は世紀の変わり目であるとともに、豊臣氏から徳川氏への政権交代期でもあった。と同時に、自然災害がしきりに起きた時期でもある。災害を記憶しようとする動きが始まるとともに、政治と自然の動揺が重なることで人びとの不安が増大した。その不安が突発的な集団行動を引き起こす。のちの御蔭参《おかげまい》りにつながる伊勢踊《いせおどり》が流行する。

関ヶ原以前

戦国時代後期の一六世紀は、先にも述べたように、列島の気候が急激に寒冷化した。穀物の実りは思わしくなく、隔年単位ぐらいに各地で飢饉となった。飢えとも闘いながら、戦闘が繰り返される。戦地では、「刈田狼藉《かりたろうぜき》」（穀物の強奪）や「人質」（人さらい）が横行した。領地の拡大は、食料や労働力の確保を目的としたものでもあった。

織田信長《おだのぶなが》によって緒《ちょ》に就いた天下統一の機運は、豊臣秀吉に引き継がれた。天正《てんしょう》一八年（一五九〇）の小田原《おだわら》合戦で後北条《ごほうじょう》氏を滅ぼした秀吉は、その余勢を駆って東北地方を平定し、全国統一を成し遂げる。

その五年前の天正一三年一一月二九日に天正大地震が起きている。震源は美濃《みの》国中部、M七・八と推定され、広い範囲で活断層が動いた。被害は中部地方全域から近畿地方東部に及んだ。地震列島が活動期に入ったことを知らせる地震であった。

天正二〇年秀吉は朝鮮への出兵を開始する。朝鮮半島の各地で戦闘を繰り広げた秀吉軍は、朝鮮の人びとと国土に対して多くの被害をもたらした。それだけでなく、出兵は自らの側の領主や民衆に対しても苦難と消耗を強いることになった。当初は快進撃を続けた秀吉軍も、明《みん》軍の支援、朝鮮水軍の反撃、義兵の抵抗などによって次第に後退を余儀なくされ、曖昧《あいまい》な「休戦」状態のまま、四年にわたって朝鮮南部に滞留することになる。

文禄《ぶんろく》五年（一五九六）六月二七日、秀吉は和議のために来日していた明の使節を伏見《ふしみ》城で謁見《えっけん》した。このあとの閏《うるう》七月一三日深夜、有馬《ありま》―高槻《たかつき》構造線を起震断層とするM七・五の大地震が起こる。新築された伏見城が倒壊したことから、伏見地震と呼ばれる。伏見城建設中の文禄元年（一五九二）一二月、秀吉は京都所司代《しょしだい》の前田玄以《まえだげんい》に「ふしみのふしん、なまづ大事にて候《そうろう》」と書状を送っていた〔桑田 1943〕。これが地震と鯰《なまず》を結びつけた最も古い史料と言われている。数年前には天正大地震があり、その後も京都や江戸で地震が続いていたから、秀吉は心配したのだが、それが現実になったのだ。阪神淡路大震災を引き起こした野島《のじま》断層は、この断層帯の延長線上にある。京都では秀吉が建造した方広寺《ほうこうじ》の大仏が崩壊し、多くの寺院の堂舎も倒壊した。

豊後《ぶんご》国でも七月ごろから地震が続いていたが、閏七月九日（一二日ともいう）に別府《べっぷ》湾を震源とするM七・〇の地震が起き、津波が発生した。この津波によって、湾内にあった瓜生《うりゅう》島《じま》が海没し、別府村も水没したため、のちに西へ移動して再建された、という伝承が生まれている。時期的にみて伏見地震との連動が考えられるが、この豊後地震津波についての同時代資料は残されていないようだ〔櫻井 2012〕。

九月になると明との和議は破談となり、秀吉は朝鮮への再出兵を決める。朝鮮の地で戦闘が繰り返され、惨劇が重ねられた。慶長三年（一五九八）八月一八日秀吉が死去、朝鮮に出兵していた軍勢に帰陣が命じられる。

関ヶ原以後

秀吉の死後、豊臣政権内の権力闘争が激化し、慶長五年（一六〇〇）九月石田三成《いしだみつなり》を中心とする西軍と徳川家康の東軍とが美濃国西部で激突する。いわゆる関ヶ原の戦いだ。これに勝利した家康は、慶長八年に征夷大将軍となって徳川幕府を開く。

翌慶長九年一二月一六日、房総半島から九州南部までの太平洋岸に津波が押し寄せ、大きな被害が出た。駿河《するが》沖と紀伊水道沖を震源とする東海地震と南海地震が同時に発生したと言われているが、地震像はいまひとつ明確でない。地震による揺れはたいしたことはなかったようで、「津波地震」（地震の揺れは小さいが大きな津波が起きる）の可能性もある。津波の記録としては、四国地方の阿波《あわ》国鞆浦《ともうら》で津波の高さが一〇丈（約三〇メートル）にも及んだと伝えられ、宍喰浦《ししくいうら》では一五〇〇余人が亡くなったという。『阿闍梨暁印置文《あじゃりぎょういんおきぶみ》』によれば、土佐《とさ》国の崎浜《さきはま》（佐喜浜）では五〇人、その近くの浦々では四〇〇人余、甲浦《かんのうら》では三五〇人余が亡くなった。ただし聞くところによれば、「南向きの国は皆潮が入ったのに、西北向きの国は地震ばかりで潮は入らなかった」。「未来永代の言い伝えに、このように書き置く」と暁印は記している。

家康周辺の同時代記録である『当代記』は、この津波についての各地の情報を書き留めている。浜名湖の東の舞坂《まいさか》宿では「俄《にわか》に大波来て」一〇〇軒のうち八〇軒が流され、多くの人が亡くなったという。伊勢国でも関東でも同じような「大波」が襲った。二四四年前の康安《こうあん》元年（一三六一）六月二四日に摂津《せっつ》国難波浦《なにわのうら》でも同じようなことがあったと、記録者は『太《たい》平記《へいき》』の記事を引く。系統的に記録を検索したのではなく、たまたま『太平記』の記事を思い出したのだろう。ただし、今回の「大波」では諸国の内海は大きな被害はなく、摂津国の兵庫もたいしたことはなかったという。これは先の「酉申《とりさる》」（丙申《ひのえさる》＝文禄五年の誤記カ）の地震に「他所ニ超過シケル故カ」と「所ノ者」が言っていると『当代記』は記す。前回の文禄五年（一五九六）の伏見地震で大きく揺れたところは、今回は逆に揺れなかったというのだ。「所ノ者」は摂津国の住民を指す。知識人は文献から過去を想起するのに対して、民間人は体験を比較することで地震についての認識を得ようとしている。その対比が興味深い。

津波から三年後の慶長一二年（一六〇七）三月一日、家康に仕えることになった儒者の林《はやし》羅山《らざん》は、京都から駿府《すんぷ》に向かって旅立った。同月五日、三河《みかわ》国から遠江《とおとうみ》国へ越え、浜名湖の西の白州下《しらすか》（白須賀）に泊まる。その夜は波が高かったのだろう。宿中の者が「大波」を恐れおののき、馬が鳴き犬も吠《ほ》えている。宿の主人がやってきて言った。「さる歳の地震では、海水が蕩々《とうとう》と漲《みなぎ》り寄せて、人家を溺《おぼ》れさせ、牛馬を殺した。急いで走り山へ登った者だけが死なずに助かった。だから今夜はこのように恐懼《きょうく》しているのだ」、と。その話を聞いて、自分もやはり眠ることができなかった（『羅山先生文集』）。三年前、羅山は京都にいた。そのときの地震を思い出したのだ。海辺の宿に泊まって宿の主人から生々しい体験を聞かされ、羅山は津波の恐怖を追体験することになった。災害の記憶を共有しようとする動きが始まっている。

なお、この年日本と朝鮮との関係を修復するために朝鮮国王の使節が派遣されていた。閏四月羅山は使節一行が京都から江戸に至る道中で接遇するよう命じられている（『徳川実紀』）。

慶長三陸地震津波

慶長一六年（一六一一）三月二七日、秀吉が擁立した後陽成《ごようぜい》天皇が譲位し、後水尾《ごみずのお》天皇が即位する。翌二八日、家康は秀頼《ひでより》を二条《にじょう》城に呼び出して会見した。家康が秀頼を臣従させるための儀式であったと諸大名には受けとめられた。四月一二日、家康は在京の大名衆を二条城に集め、三か条の「条々」を示し、これに対する誓紙を提出させる。これより先の慶長一〇年、家康は将軍職を息子の秀忠《ひでただ》に譲り大御所となっていたが、全国統治のために家康の存在は欠くことができなかった。この年以降、徳川幕府の支配体制が一段と強化され、豊臣側の孤立は深まった。

慶長一六年には、東北地方で地震が連続する。

まず八月二一日にM六・九の会津《あいづ》地震が起きる。若松《わかまつ》城の石垣がことごとく崩れ、天守も破損した。領内の潰家《つぶれや》は二万余戸、死者は三七〇〇人にのぼったと伝えられる。地震の揺れにより領内各地で山崩れが発生し、会津盆地を流れる大川は土砂でせき止められた。村や耕地が水没し、「四方七里（約二八キロメートル）」という山崎湖《やまざきこ》が出現した。この湖の水を抜いて耕地を復元するために、会津藩は三〇年以上を要したという（『家世実紀《かせいじっき》』）。

ついで一〇月二八日に三陸地方で地震津波が発生する。M八・一。地震による被害の状況はよくわからないが、津波の被害は甚大で、仙台領では溺死者《できし》一七八三人、牛馬八五疋溺死と伝えられ、『駿府記』には南部《なんぶ》・津軽《つがる》地方の海辺で人馬三〇〇〇余が溺死したと記されている。一一月晦日《みそか》、伊達政宗《だてまさむね》は駿府を訪れて家康に初鱈《はったら》を献上した。あいにく家康は不在であったが、政宗から聞いた話を幕府金座の主宰者で家康の側近でもあった後藤庄三郎《ごとうしょうざぶろう》がのちに家康に伝えた。

地震の当日、政宗は肴《さかな》を求めて侍二人を遣いに出した。二人が漁師に命じて釣舟を出そうとしたところ、漁師は、今日は潮の様子が異常だから舟を出すのは難しい、と拒んだ。これを聞いて侍の一人は出漁をやめたが、もう一人は主命を請けながらそれを行わなければ、主君をあざむくことになると、漁師六、七人を強要して海に出た。数十町も沖に出たとき、海面が天まで盛り上がり、大波が山のようにやって来て、肝《きも》も魂《たましい》も失うほど驚いた。それでも舟は沈まず、やがて平らなところに出た。心を静めて目を開くと、漁師が住む村近くの山上の松の木の傍らであった。この松に舟を繫《つな》いで、波が引いてから見てみると、繫いだのは松の梢《こずえ》であった。下山して村に帰ると、一軒の家も残らず流失していた。とどまった侍も残った漁師も逃げられずに水死した。主命に従って沖に出た侍に政宗は俸禄を与えたという。政宗の話した松は千貫松と呼ばれ、伝承を伝える千貫山が今に残る。同じような「舟繋ぎ」の伝説は他所でも伝えられるから、この話は政宗の法螺《ほら》だという説もあるようだ。真偽は確かめようもないが、こうした伝承がそれを伝える地名やモノとともに土地の人によって語り継がれてきたことが重要だ〔岩本 2013〕。

「津波」という語の登場

やはり政宗が家康側近の筆頭である本多上野介正純《ほんだこうずけのすけまさずみ》に語ったところによれば、彼の領内の溺死者は「五千人」。海辺の人家は悉《ことごと》く波に流された。これを「世に津波と曰《い》う」と『駿府記』にある。この記事が地震による「津波」という語の初見とされている【写真1】。『日本災変通志』を著した池田正一郎《いけだしょういちろう》によれば、それまでは津波のことを「大潮《おおしお》」「高潮《たかしお》」「暴潮《ぼうちょう》」「暴漲《ぼうちょう》」「高浪《たかなみ》」「逆波《さかなみ》」「海嘯《かいしょう》」などと呼んでいたという〔池田 2004〕。いずれも海浪の異常な様態を示すだけで、特定の言葉は使われていない。

それに対して「津波」という語は「津」に力点がある。「津」は湊《みなと》のことであり、大波で湊が襲われることを指している。戦国時代の語彙《ごい》で書かれた『甲陽軍鑑《こうようぐんかん》』では、川の洪水で

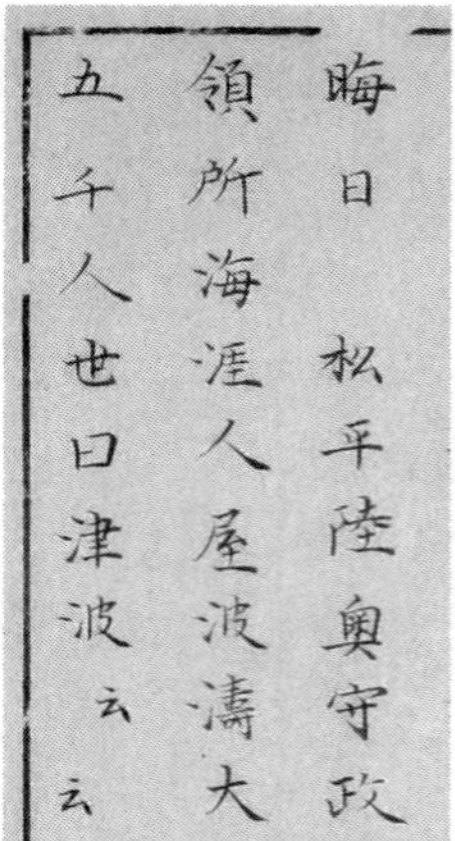
晦日　松平陸奥守政宗献初鱈就之政宗
領所海涯人屋波濤大漲来悉流失溺死者
五千人世曰津波云々上野介言上之此日

写真1　「津波」の語の初見
出所：『駿府記』（『駿府政事録』）慶長16年11月晦日条.
所蔵・写真提供：早稲田大学図書館（天保7年写本）.

河湊《かわみなと》が流されることを「津波」と呼んでいる。もともと人的被害を意識した言葉であったろう。それが地震の大波による湊や海辺村の被害にも使われるようになる。『駿府記』には「世に曰う」とあるから、民間でまず使われるようになったのだろう。地震による大波は、高波一般とは比べようもないほど激しい。その経験を伝えるには固有の言葉が必要だ。「津波」は、地震による高波を指す語として江戸時代を通じて次第に社会に受け容れられていく。中国由来の語である「海嘯」という文字にも「ツナミ」とふりがなが付けられるようになる。

慶長期は大きな地震や津波が集中した時期であった。自然の脅威になす術《すべ》もなく身を任せている部分も少なくないが、その経験を記憶として伝えようとする努力も始まっている。災害に対する民間での社会的対応の様子が記録に現れるようになる。

伊勢踊流行

慶長一九年（一六一四）八月、伊勢大神《いせのおおかみ》が同国野上山《のがみやま》に飛び移るという託宣があり、多くの「奇特《きどく》」な（不思議な）ことが起きたという。二〇日ほどして大神は山田《やまだ》に戻ったと託宣があった。これを受けて村々から老若が華美な服装で踊りながら我も我もと参宮した。山田では貴賤群集《きせんぐんしゅう》しての踊りとなった。九月になると駿府では、伊勢大神が「今ムクリと合戦に及んでおり、神風が烈《はげ》しく吹く」と託宣したという噂《うわさ》が広がった。「ムクリコクリ」（蒙《もう》古《こ》・高麗《こうらい》）は「蒙古襲来」にちなんだ言葉。秀吉の朝鮮出兵に対する報復が恐れられたのか。対外危機の言説は、社会不安の広がりを背景としたものでもあったに違いない。伊勢に参宮する者は跡を断たず、このころには伊勢踊は京都・大和《やまと》・近江《おうみ》・美濃にも広がった。以上は『当代記』の記事による。大坂では豊臣方と徳川勢とが一触即発の状況であり、やがて大坂冬の陣が起きる。

翌慶長二〇年三月に伊勢踊は駿府でも大流行、その後は東北地方にまで広がった。「乞食《こつじき》禰宜《ねぎ》」が伊勢大神が飛び移ったと触れ回り、「唐人《とうじん》」に頼んで花火を飛ばして煽《あお》っている（『駿府記』）。踊りは禰宜の持つ「御秡《おはらえ》」（お祓えの幣）を先頭に、村々を送り継がれた。このようにしない国には「飢饉疫病」がはやると脅された（『山本豊久私記《やまもととよひさしき》』）。平安時代から非業の死を遂げた人物を「御霊《ごりょう》」として祀《まつ》り、祀らなければ祟《たた》りがあるという信仰があった。

「御霊」も虫送りのように村継ぎで全国に広がった。伊勢踊も同じだ。社会不安を背景に起こるオルギー（集団的熱狂）と言ってよいが、そこには「祟り神」の観念がまだ生きているようだ。他方で、災厄からのがれて「来福」を求める「世直り」への願いが秘められていると見ることもできるだろう。古来から「祟り神」に対する人びとの信仰は両義的なものであった。

これより先の慶長九年には、伊勢大神が近江国膳所《ぜぜ》に飛び移り、人びとが伊勢に参宮するという事件があった。高尾一彦《たかおかずひこ》は、これが江戸時代最初の御蔭参りだと述べている〔高尾1969〕。慶長九年と慶長一九年は、それぞれ秀吉を豊国《とよくに》大明神として祀る七回忌・一七回忌にあたっている。これを機に徳川体制に対する不満が表面化したのではないかと高尾は言う。秩序を乱す動きとして、幕府は慶長二〇年、伊勢踊を禁止した。しかし、翌元和《げんな》二年（一六一六）も伊勢踊の流行が続いたため、幕府は改めて禁止令を出している。権力基盤がいまだ不安定な徳川幕府は、こうした民間の動きに過敏であった。

2 家光の「御代始め」と寛永の飢饉

三代将軍家光《いえみつ》は、「生まれながらの将軍」と言われる。祖父家康や父秀忠のように実力で将軍になったわけではないから、その政治の舵取《かじと》りが徳川幕府の将来を決めると言ってもよかった。家光が将軍であったのは、寛永年間（一六二四〜四四）から正保《しょうほう》・慶安《けいあん》期（一六四四〜五二）にわたっている。この時期の政治に大きな影響を与えたのは、島原天草一揆とそれに続く寛永の飢饉であった。

島原天草一揆

慶長二〇年（一六一五）五月、大坂城が落城。豊臣体制は最終的に崩壊した。同年七月伏見城に集められた諸大名を前に、二代将軍秀忠から武家諸法度《ぶけしょはっと》が発布された。翌元和二年

（一六一六）四月大御所家康が亡くなり、のちに「東照権現」として祀られる。

同じ年の七月、仙台でM七・〇と推定される地震が起き、仙台城本丸の石垣が崩落した。元和五年三月には小西行長《こにしゆきなが》が造った肥後麦島城《ひごむぎしま》が地震で崩壊している。M六・〇。豊後岡城《ぶんごおか》でも城郭の破損があったという。

元和九年秀忠は将軍職を家光に譲り、自らは大御所となった。家康・秀忠時代と同じく、大御所・将軍の二元政治が行われた〔朝尾 1994〕。

寛永九年（一六三二）一月秀忠が亡くなり、将軍家光のもとに権力が集中されることになる。家光「御代始め《みよはじ》」の政治として熊本の加藤忠広《かとうただひろ》が改易《かいえき》され、西国で大名の転封《てんぽう》が大規模に行われた。寛永一〇年一月には諸国に巡見使が派遣され、翌一一年、家光は三〇万人の軍勢を率いて上洛、二条城に諸大名を集めて領知朱印状を発給した。

寛永一二年五月には外国船の入港を長崎・平戸《ひらど》に限り日本人の海外渡航を禁止する法令が出され、六月には武家諸法度が改訂されて参勤交代が制度化される。同一三年、日光東照宮の大造替が完成し、通信使と名称を改めて最初の朝鮮使節が日光に参詣《さんけい》した。こうした一連の政策を通じて、列島を統治する武家の公権力としての徳川「公儀」が成立する。

寛永一四年一〇月肥前《ひぜん》島原地方の百姓が蜂起《ほうき》して島原城を攻撃、これに呼応して肥後天草地方の百姓も富岡《とみおか》城を攻撃した。島原天草一揆である。

徳川幕府は慶長末年ころからキリスト教への禁圧を強め、元和年間には改宗を拒んだキリシタンが各地で処刑された。年貢収奪を強行しようとする領主が、未進する百姓をキリシタンと極《き》めつけて処刑することもあった。こうした弾圧によってキリスト教から離れていた元信者たちが、領主の苛政《かせい》を機にキリシタンに立ち帰り、同じく苛政に苦しむ百姓たちを結集して蜂起したのだった。

幕府は九州地方の諸大名の軍勢を動員して原《はら》城に立て籠《こ》もる一揆勢を攻撃したが、頑強な抵抗にあって多くの死傷者を出した。三か月に及ぶ籠城《ろうじょう》戦の末、寛永一五年（一六三八）二月に原城は陥落、二万数千人と言われる一揆勢がなで斬《ぎ》りにされた。

この一揆は幕府や大名に衝撃を与えた。幕府は、いわゆる「鎖国」政策を強化する。他方、領主たちは苛政が一揆を呼ぶとの危機感を強めた。一揆平定後に幕府代官として天草に派遣された鈴木重成《すずきしげなり》が、領民の窮状を見かね、石高の半減を願って自刃《じじん》したということは、なかば伝説化していて、真偽のほどは定かでない。しかし、そうした伝説が住民によって信じられたということが重要だ。のちに重成は「鈴木神社」に祀られる。領主にとっても、過重な年貢収奪を抑制し百姓の存立を保証する「撫民」を当面する課題として意識せざるをえない状況であった。

渡島駒ヶ岳の噴火

北の蝦夷地（北海道）でも、将軍家光の「御代始め」によって変化が生まれていた。当時蝦夷地は「渡島《おしま》」と呼ばれていた。中世の移住者やその居住地を「渡党《わたりとう》」と呼んだことにちなんでいる。その情報が列島中央にももたらされるようになるのは、一四世紀ころからである。東北地方の武装集団が蝦夷地に散在、定着するようになったからだ。ただし、この地が列島の政治体制に明確に位置付けられるのは、渡島に定住支配する蠣崎《かきざき》氏と豊臣秀吉との関係ができて以降である。徳川幕府もこの関係を引き継いだ。蠣崎氏は松前《まつまえ》に居城を置き、松前氏と改称する。

寛永一〇年（一六三三）家光が派遣した諸国巡見使は松前藩にもおよび、このとき松前藩の支配する「和人地」とアイヌが居住する「蝦夷地」との区分が明確にされた。そして、その境界地でアイヌの首長による「ウイマム」（御目見《おめみえ》）の儀式が行われることになった〔菊池1991〕。幕府や松前藩からみれば、これは一種の服属儀礼であった。しばらくして幕府は「鎖国」政策を強化するが、同じ時期に徳川日本の北の境界を定める作業が進んでいたのだ。

寛永一七年六月一三日に渡島駒ヶ岳《こまがたけ》が噴火した。駒ヶ岳のあたりは「和人地」の外で、アイヌの居住する地域であった。激しい爆発が二、三日続き、終日暗夜のようであった。火山灰は松前あたりにも降り積もった。一三日には、内浦湾《うちうら》で津波が起こり、アイヌが「五百余人」も溺死したという〔『徳川実紀』〕。列島にも広く知られることになった蝦夷地で最初の大きな火山災害である。大量の降灰は生活の基盤を破壊し、その復旧は容易ではなかったろう。人びとは困窮する。寛永二〇年セタナイ（瀬田内）方面のアイヌが蜂起した。松前藩の不当な交易慣行への反撥《はんぱつ》が原因であったが、背景の一つにこの噴火の影響もあったのではないかと菊池《きくち》勇夫《いさお》はみている〔菊池 1997〕。

寛永の飢饉

寛永一六年から一八年（一六三九～四一）にかけて、西日本で牛疫病が流行する。西日本では牛は耕作や運送に欠かせないものであったから、農業生産に打撃となった。

たとえば現在の熊本県にあたる肥後国地方の様子は、次のようであった。

この地に五四万石の領知を持つ熊本藩では、寛永一二年七月・八月と続く大風で凶作となり、寛永一三年は長雨と虫害で引き続き凶作となった。翌一四年も再び虫害に見まわれ、事態が深刻化するなかで隣接する島原・天草で一揆が起きる。牛疫病がこれに追い打ちをかけた。同国葦北《あしきた》郡津奈木手永《つなぎてなが》では寛永一〇年に二二四疋であった牛が寛永一八年には九疋に激減したという〔新熊本市史編纂委員会 2001〕。「手永」は二〇か村ほどからなる熊本藩の行政単位で、「惣庄屋《そうじょうや》」が管轄した。藩主の細川忠利《ほそかわただとし》は九州全体では二万疋から三万疋の牛が病死したと幕府に伝えている〔藤田 1982・83〕。

東日本では寛永一七年から冷害の様相が見え始める。武蔵《むさし》国川越《かわごえ》の塩商人榎本弥左衛門《えのもとやざえもん》は『榎本弥左衛門覚書』と呼ばれる自伝的な記録を残したが、そのなかで、寛永一八年元旦には大雪が降り、その後春中に七度も雪が降ったと記している。前年の渡島駒ヶ岳の噴火の影響だと言われる。こうした状況は一八年・一九年と続き、のちに「巳午《みうま》の餓死」と伝えられることになる。西日本では、牛疫病に続き、一七年は旱魃、一八年は大雨・洪水に襲われ、一八年から一九年にかけて飢饉の様相が深まった。

こうした状況を幕府の大老であった酒井忠勝《さかいただかつ》は、「五十年百年の内にもまれなる」飢饉と認識している。百姓の疲弊を無視して年貢収納を強行すれば、島原・天草のような一揆も起きかねない。寛永一九年五月になると、幕府は諸大名に帰国を命じ、「去年作毛損亡《さくもうそんもう》」により「諸国住民等困窮」のため「撫民」に努めるよう指示した。ついで幕府は、臨時に「飢饉奉行」とでも言うべき組織を作り、次のような措置を執ったと藤田覚《ふじたさとる》は述べている〔藤田 1982・83〕。

一つは、米価高騰の原因の一つが蔵奉行の不正にあるとしてこれを処罰し、江戸・上方《かみがた》などの蔵米の調査を行った。

二つは、上方蔵米《くらまい》や各地の城米《じょうまい》を江戸に廻送《かいそう》し、米流通の拡大を図った。

三つは、米穀確保のために各地の幕府領で作柄を調査した。

四つは、江戸・京都・大坂など直轄都市で流入した飢人・乞食の人返しを実施した。

五つは、各藩江戸屋敷での飯米は、それぞれに領地から廻送するよう命じた。

六つは、夫食米《ふじきまい》貸与、粥施行《かゆせぎょう》、種籾《たねもみ》貸し、普請を起こし扶持米《ふちまい》を給与するなど、直接に困窮百姓を救う措置を代官などに指示した。

こうした措置は、倹約や酒造制限などを命じた高札《こうさつ》とともに、各地の大名・旗本にも指示されている。

「仁政」へのシフト

帰国した大名たちも、飢饉への対策をとる。そのなかで従来の政治を反省し、「百姓成《なり》立《たち》」を目的とした農政への転換が図られるようになる。

岡山藩は、現在の岡山県の東南部にあたる備前国と備中《びっちゅう》国の一部に領知を持つ外様《とざま》の大藩である。知行高は三一万五二〇〇石。藩主の池田光政は島原天草一揆の動向にもなみなみならぬ関心を持ち、キリシタン百姓の動向を注視していた。幕府から帰国の指示が出ると光政は急ぎ岡山に帰り、幕府の法令を背景に早速飢饉対策に取り組む【写真２】。この取り組みを光政は「仕置《しおき》」（政治）の「仕替《しかえ》」（改革）ととらえており、次のような対策を行った「倉

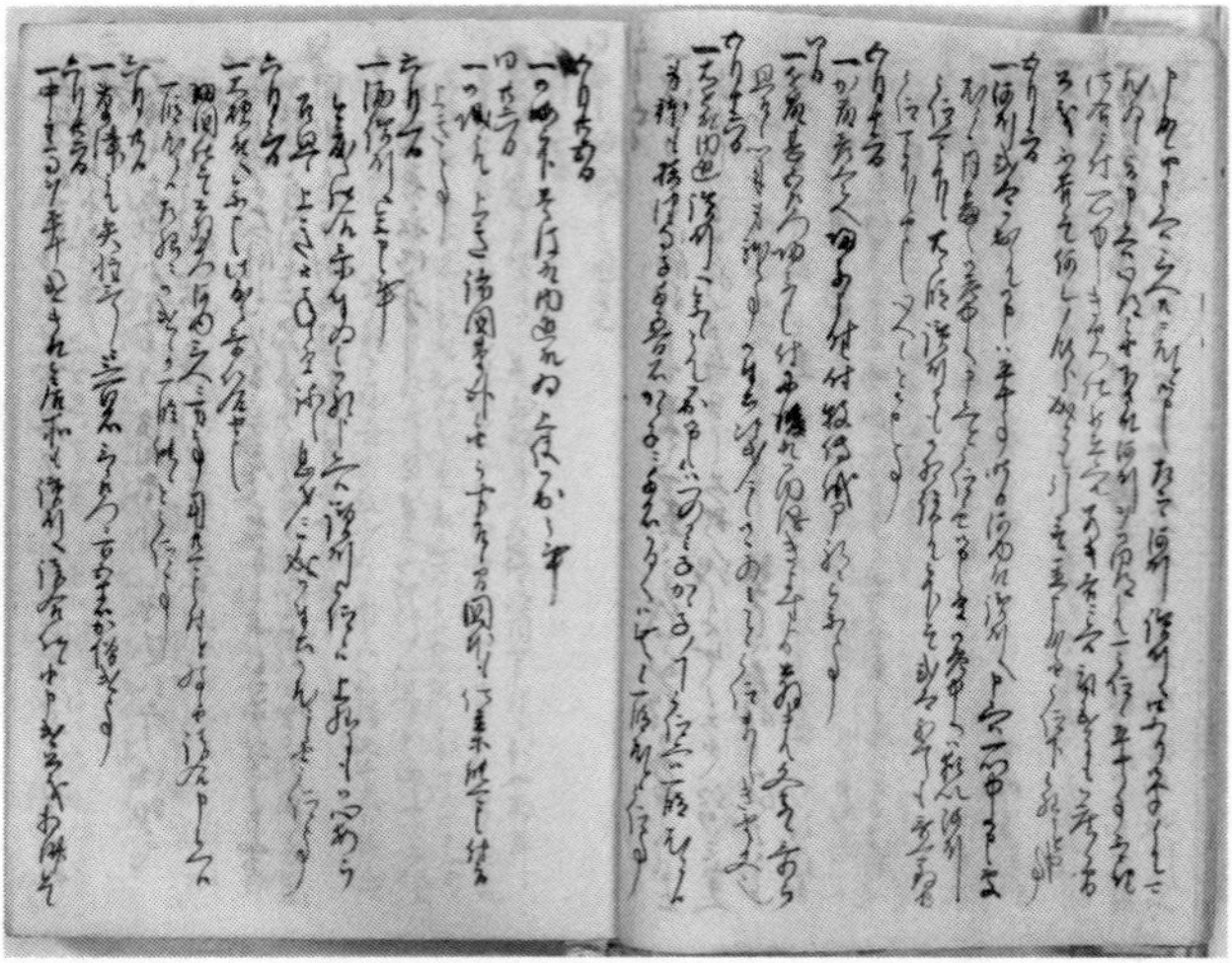

写真２　「池田光政日記」寛永19年５月26日条.
所蔵・写真提供：林原美術館.

地 2012〕。

一つは、仕置家老をはじめとした役職を整備し、役への任命にあたっては各自から「誓紙」を提出させ、役への自覚を高めようとした。

二つは、大坂から借銀をして、困窮している家臣の救済を先行させた。そのうえで、給人（知行地を与えられた家臣）が給地の百姓を恣意《しい》的に支配しないように誡めた。

三つは、凶作にもかかわらず不適切な高免《たかめん》（平年より高い年貢率）を掛けた郡代を罷免し、百姓の実情に応じた支配を行うよう郡奉行を説諭した。

四つは、臨時に組頭《くみがしら》を廻村させ、地方《じかた》役人の仕置を監察させた。

五つは、百姓からの「目安《めやす》」（訴願）を取り上げて役人の不正を取り締まった。他方、徒党や一揆のような百姓の動きは厳しく処罰した。六つは、従来の農村法令を集めて「被仰出法式《おおせいだされるほうしき》」四四か条を公布し、きめ細かな農政を指示した。

しかし、こうした施策の意図は家中ではなかなか理解されず、給地では給人による恣意的な支配が続いた。承応《じょうおう》三年（一六五四）七月岡山地方は洪水による大きな被害を受ける。光政はこれを政治の改革を促す「天の時」ととらえ、「仁政」を行おうと決意する。

まず、農政の前線をしめる郡奉行・代官を光政の眼鏡《めがね》にかなった者に入れ替え、大庄屋を廃止するとともに村庄屋は「入札《いれふだ》」などで村人の好む者を選ばせた。また、「諫箱《いさめばこ》」を設置して引き続き百姓からの「目安」を重視した。年貢も蔵入地（藩の直轄地）と給地の区別なく「ならし免」として統一的な農政をめざした。

自己批判する領主

こうした「仁政」へのシフトは光政にとどまらない。

承応四年、三河国中島《なかじま》藩主板倉重矩《いたくらしげのり》は領内に一三か条の法令を発している。その内容は、年寄のやもめ・みなし子、乞食・非人・病者、さらには身上《しんじょう》ならざる者の救済、捨子・子《こ》堕しの禁止、訴訟の奨励など「撫民」に関わるものだが、その第一条で次のように述べている。

ただいままでハ、此《こ》の方《ほう》しをきあしきゆへ、大切なるおや・不便《ふびん》なる妻子をもやしない育《はぐく》む事まかりならず。又ハせんぞおやより持ち来り候《そうろう》田畑をもうりうしない、なんぎいたすよしききおよび、何とも不便《ふびん》に存じ候間、いまより後ハ、此の方非分《ひぶん》成るしをきをあらため、おやをもやしない、妻子をもはごくみ、田畑もうらざるやうに、正路《せいろ》にしをき申すべく候

重矩は父重昌《しげまさ》とともに島原天草一揆に従軍した。幕府上使《じょうし》であった重昌は、正月元旦の総攻撃で討ち死にする。重矩には農民の抵抗の凄《すさ》まじさが身にしみていただろう。悪しき仕置を自己批判し、「仁政」への転換を百姓に約束したのだ。重矩はのちに京都所司代や幕府老中を歴任する。熊沢蕃山《くまざわばんざん》や山鹿素行《やまがそこう》にも師事した「学問者《がくもんしゃ》」で、光政と志を同じくする者であった〔倉地1996〕。幕閣や大名の間に、「仁政」への志向が広がった。

災害が続くなかで、領主には家中と百姓との「成立《なりたち》」を両立させることが求められるようになる。はじめ徳川「公儀」は、支配者である武家の結集体として形成された。それが、対

百姓を意識した社会的公権力としての機能を重視するようになる。その契機となったのが、島原天草一揆とそれに続く寛永の飢饉であったのだ。

なお、寛永の飢饉の最中であった寛永二〇年（一六四三）二月に三宅島が噴火している。島の西側の阿古《あこ》村で家屋が全焼、東側の坪田《つぼた》村へは火山弾が飛び散って、家屋がことごとく破壊された。次の大きな噴火は天保六年（一八三五）。この時にも阿古村・伊ヶ谷《いがや》村が被害を受けている。これらの地区は、平成一二年（二〇〇〇）の噴火でも大きな被害を受けた。五年にわたる全島避難が解除されたのちは、阿古地区に村役場臨時庁舎が置かれているが、坪田地区の一部は依然として火山ガス高濃度地区として立ち入りが制限されている。

3　災害と都市

つづく承応・明暦《めいれき》年間（一六五二〜五八）は四代将軍家綱《いえつな》治世の前期、寛文《かんぶん》・延宝《えんぽう》年間（一六六一〜八一）はその後期にあたっている。この時期に徳川幕府の政策が全国に行き渡るようになる。西回り航路・東回り航路が開発されることにより、江戸・京都・大坂という三都を中心とした国内市場が成立する。江戸時代の災害の特徴は都市化と深い関わりがある。そのことがはっきり現れてくるのはこの時期だ。それにともなって富裕層による救済活動が始まり、災害をめぐる風聞も社会問題となる。

明暦の大火

江戸時代は都市化の時代だ。江戸・京都・大坂という三都を筆頭に、各地に城下町が築かれ、寺社の門前町や湊町も発展した。現在の都市には、この時代の町場に始まるところが多い。この時代の都市といえば、やはり江戸をあげなければならない。

江戸の都市建設は、天正一八年（一五九〇）に徳川家康が関東八か国に転封され、その居所としたことに始まる。しかし慶長六年（一六〇一）に起きた大火によって、町屋のほとんどが焼失。慶長八年から新たな町割りが行われ、再び建設が進む。この年家康が征夷大将軍に任命されており、大規模な城郭建設が大名の御手伝普請《おてつだいぶしん》として行われた。慶長一二年には五層の天守閣が完成する。

寛永一八年（一六四一）慶長以来の大火という桶町《おけちょう》火事が起きる。焼失町数九七町、死者は数百人と言われる。その後も都市域の拡大は進み、承応二年（一六五三）には人口増による水需要に応ずるため玉川上水《たまがわじょうすい》が引かれる。

明暦三年（一六五七）は正月元日から火事が起きていた。同一八日、本郷《ほんごう》五丁目裏本妙《ほんみょう》寺《じ》から出火、折からの北西の大風に煽られて神田・浅草方面へ広がった。翌一九日には、小《こ》石川伝通院《いしかわでんづういん》前新鷹匠町《しんたかじょうまち》と麹町《こうじまち》五丁目続き番町《ばんちょう》から出火、江戸城本丸・天守閣をはじめ江戸の町の大部分を焼き尽くす大火となった。いわゆる明暦の大火だ。『武江年表《ぶこうねんぴょう》』は焼死者一〇万七〇四六人と記す。

初め酒井忠勝などは、謀叛《むほん》をたくらむ者の放火ではないかと疑った〔『徳川実紀』〕。由比《ゆい》正雪《しょうせつ》の承応事件や戸次庄左衛門《へつぎしょうざえもん》の慶安事件は、つい五、六年前のことだ。まずは民心を安定させることが急務であった。鎮火後大雪が降り、焼け出された人びとのうち凍死する者も多く出た。幕府は二〇日から浅草御蔵の米を放出して粥施行を行う。施行は二度にわたって期間が延長され、二月一二日まで続けられた。江戸町中へは、米穀の安売りを命じるとともに、復興のために金一六万両を下賜した。屋敷を再建する武家に対しては、一〇万石以下一万石以上の大名には恩貸金《おんたいきん》（無利子の拝借金）が、万石以下一〇〇石までの幕臣には下賜金が与えられた。

また無縁の焼死者を集め、塚を設けて葬り、一寺を設けた。のちの回向院《えこういん》である。幕府は増上寺《ぞうじょうじ》の貴屋《きおく》に三〇〇両を与えて、盛大な法要を営ませた。

大火後、幕府は防災のための都市改造に取り組む。御三家の屋敷が城内から城外に移され、それにともなって武家屋敷の移転が行われた。大名も上屋敷の他に中屋敷や下屋敷を設けるものが増え、武家地が広がる。寺院には郊外に移転するものもあり、町屋地には広小路や火除けの広場が設けられた。隅田川に両国橋が掛けられ、本所《ほんじょ》・深川方面に武家屋敷や町屋が広がった。一六六六年イギリスのロンドンで大火があり、これを機にロンドンでも防火のための都市改造が行われる。その後、ロンドンも江戸も巨大都市に発展する。

また、明暦大火後には常設の専門消火隊として「定火消《じょうびけし》」が設置された。それまでの消火隊は「大名火消」があるのみであった。「大名火消」は幕府によって大名に命じられるもので、幕府の重要施設を担当する「所々《しょしょ》火消」、江戸城の決められた方角に出動する「方角《ほうがく》火消」、臨時に命じられる「増《まし》火消」などがある。これに対して「定火消」は幕府直属の消火隊で、旗本が任命されて若年寄《わかどしより》の指示で活動した〔池上1978〕。

災害と情報

激烈な災害に人びとは、人知を超えた「力」の働きを感じる。災害にともなって「怪異」な事柄が語られる。あらぬ噂や政治批判がささやかれる。

明暦大火では、本丸が焼け落ちたため将軍家綱は西丸に移った。しかし、人びとの間では、あまりの大火に驚いて将軍は上野《うえの》の東叡山《とうえいざん》に避難したとか、川越や古河《こが》に動座したとかいう流言飛語が流れた〔『徳川実紀』〕。幕府は大坂に上使を派遣し、道中各地で将軍安泰を触れさせた。京都・長崎などの直轄都市にも飛脚が送られ、風聞の拡大から社会不安が広がることを警戒させた。

「吝《しわ》き雅楽《うた》　心づくしの豊後どの　江戸にはつんと伊豆《いず》はよかろふ」という落首がはやった。「雅楽」は酒井忠清《ただきよ》、「豊後」は阿部忠秋《あべただあき》、「伊豆」は松平信綱《のぶつな》、いずれも幕府老中。酒井はケチとされ、阿部と信綱には好意的だ。大野瑞男《おおのみずお》によれば、「伊豆はよかろふ」は「居ずばよかろう」と読むのだという〔大野2010〕。「つんと」は否定の語をともなって「全く……ない」という意味。「江戸に居なければ良い」という皮肉だろう。江戸や幕府への愛想尽《あいそづ》かしと読める。

大火後の二月、京都で最初の出版言論統制令が出される。火事で多くの書物が焼け、書物出版の需要が高まるのを見越した措置だと今田洋三《こんたようぞう》はいう〔今田1981〕。「怪異」の説や政治批判を押さえようとしたのだろう。四年後の万治《まんじ》四年（一六六一）京都で仮名草子《かなぞうし》『むさしあぶみ』が刊行される【写真3】。浅井了意《あさいりょうい》の作で、明暦大火の実情を生々しく描いて評判となった。

明暦の大火の八年前、慶安二年（一六四九）六月二一日の夜、武州大地震が起きている。M七・〇。江戸城の石垣や塀が破損し、死者五〇人余という。このときのこととして榎本弥左衛門が興味深い話を残している。

このとき弥左衛門は京都にいて、二三日に初めて地震の話を聞いたという。江戸に「暗闇《くらやみ》が入りたる」という噂であった。事実かどうか確かめようはないが、情報の伝播《でんぱ》は驚異的な速さだ。京都から川越へ帰る道中で聞いたところ、掛川《かけがわ》が揺り境であったという。江戸では、地震のときに京都で一一の「ふしぎ有り」という風聞が流れていた。比叡山《ひえいざん》から愛宕山《あたごやま》へ光り物が飛んだとか、二条城から提灯《ちょうちん》二つずつが東の方へ飛んだとか、たわいもない「怪異」

写真3　明暦の大火
出所：『むさしあぶみ』下巻.
所蔵・写真提供：国立国会図書館（初版）.

なのだが、東国の地震と京都の「ふしぎ」とを結びつけようとする民衆の心性がうかがえる。弥左衛門は、そんな風聞は京都では聞いたこともないから、「皆いつわりにて候」と断じているのだが、「江戸中にてかみに一《ひと》つ書《がき》に申ふらし候」と記しているのは注目される（『榎本弥左衛門覚書』）。この「一つ書」の紙というのは、いわゆる瓦版《かわらばん》ではないだろうか。最初の瓦版は慶長二〇年（一六一五）に大坂の陣を報じたものと言われるが、武州大地震のものは発見されていないようだ。しかし、弥左衛門の証言はその存在を示唆するように思われる。

災害→怪異→流言という反応は中世にも認められる伝統的な心性だが、それがマスコミ化するのは徳川社会らしい現象だ。

「非人」身分の成立

都市には災害時に周辺から流民が流入するようになる。それにともなって都市周縁に「非人」社会が形成される。一般に「非人」は、刑場や牢屋《ろうや》の雑事、町内や川筋・往還筋の不浄物の片付け、浮浪人（野非人《のひにん》）の取締り、などの役儀を務め、それに対する給扶持《きゅうふち》を町中から受け取るとともに、町内を門付《かどづ》けして銭物を貰《もら》い請ける権利を与えられていた。そのため「えた」などと並べて、百姓・町人などの「平人」からは差別される存在であった。

江戸の場合、寛永飢饉のときに飢人が多く流入し、小屋に滞留した「薦被《こもかぶ》り」のなかから

「大将」が現れ、その「大将」によって「非人」が組織された。このことは榎本弥左衛門も『覚書』に記している。

明暦の大火のときには、「車善七《くるまぜんしち》」や「芝の松右衛門《まつえもん》」が「非人」を召し使って「無縁」の死体を収集している。彼らが「大将」（非人頭）である。さらに延宝期（一六七〇年代）になると大雨・洪水が続き、そのたびに非人小屋が建てられ、「非人」改めが繰り返された。そのなかで「新《しん》非人」が増加した〔峯岸 1996〕。

大坂の場合は、豊臣秀吉による城下町建設以来、町域の拡大にともなって「長吏《ちょうり》」に除地《よけち》（無年貢の地）が与えられ、元和年間（一六二〇年前後）までに四か所の「垣外《かいと》」が成立した。やはり寛永飢饉のときに流入した流民が滞留し、「長吏」の支配下で「御用」を務めるようになる。「垣外」には身分集団の内部規律である「乞食《こつじき》の法度《はっと》」があり、「長吏」の「手下《てか》」には「転びキリシタン」や「ハンセン病」の者もいた〔岡本・内田 1976〕。

地方の城下町でも同じような状況であった。たとえば岡山の場合、承応三年（一六五四）の洪水・飢饉によって飢人の流入が増え、その取締りが「山の乞食」に命じられた。翌明暦元年（一六五五）になって城外の山麓《さんろく》に乞食の居所が取り立てられ、「古山《こざん》乞食」が成立する。次いで延宝二年・三年（一六七四・七五）の全国的な飢饉のときにも「非人改」が行われ、引き取り手のない飢人が「乞食」身分に編入された。これによって増加した「乞食」のために「新山《しんざん》」が取り立てられ、「両山乞食《りょうざん》」と呼ばれるようになる。天和《てんな》元年（一六八一）の飢饉のときにも「捨子」を含む三七人が「山」に遣わされている〔倉地 1982〕。

流浪する飢人は「野非人」と呼ばれた。村や町など、どこの宗門改帳《しゅうもんあらためちょう》からも外《はず》れてしまっているので、「無宿《むしゅく》」とも呼ばれ、「非人」集団による取締りの対象であった。捕らえられた「野非人」のうちには、「非人小屋」に収容され生命を永らえる者もあった。もちろんそこで生を終える者も少なくなかった。かれらが「非人小屋居候《いそうろう》」であり、「小屋」で管理された。身分的には過渡的な存在である。やがて「小屋」がたたまれると多くの者は郷里へ送り返されたが、一部の者はそのまま「非人手下」に組み込まれた。彼らが「新非人」と呼ばれ、のちに「非人」身分に固定される。

こうして「非人」社会は治安維持の機能を果たすとともに、他方では共同組織を喪失した人びとの最終的な救済組織となった。ただし、それは「平人」からは差別される身分であり、犯罪者が刑罰として落とされる世界でもあった。それが身分制社会としての徳川日本の現実であった。

寛文・延宝期の災害

寛文・延宝期は、慶安四年（一六五一）に襲職した四代将軍家綱の治世の後半にあたる。

この時期に各地の藩政も整備が進み、「百姓成立」をめざした「撫民」政策のもとで、いわゆる本百姓《ほんびゃくしょう》を中心とした村秩序も成立する。海上交通路の整備によって全国市場もできあがってくる。しかし、この時期にも災害はとどまることがなかった。

万治四年（一六六一）一月京都大火。二条関白邸から出火し、禁裏《きんり》御所・仙洞《せんとう》御所をはじめ多くの公家屋敷や町屋が焼失した。このため四月に改元されて「寛文」となる。三月と閏八月には浅間山大焼《おおやけ》（噴火）。

寛文二年（一六六二）は五月一日に近江大地震。M七・六。琵琶湖《びわこ》西岸が沈下し、越前《えちぜん》・若狭《わかさ》・近江・京都で被害が甚大であった。このころから六月にかけて各地で大雨、洪水の被害が出る。九月二〇日には日向佐土原《ひゅうがさどわら》地震。飫肥《おび》藩領では海岸が沈下し、津波も起きたようで周囲七里三五町（約三二キロメートル）が海没した。

寛文三年七月、蝦夷有珠山《うすざん》が噴火。山体が崩落し、多くのアイヌ集落が焼け出された。この災害による困窮が寛文九年のシャクシャイン蜂起の遠因になったという〔菊池 1991〕。

寛文六年一月大坂大火。雑喉場《ざこば》から出火して、町屋二〇〇〇軒近くが焼失した〔『徳川実紀』。ただし一二月七日の項〕。前年一月には大坂城の天守閣が落雷で焼亡している。七月は大雨が続き各地で洪水。とくに木曽川《きそがわ》筋では堤が切れて、美濃国・尾張《おわり》国で大洪水になった。

寛文八年は二月一日・四日・六日と江戸で火事が続く。江戸寛文大火。『武江年表』は、武家屋敷三一〇〇余軒、町屋一二七町余、寺院一二九宇、百姓屋敷一七〇軒が焼亡したと記す。

寛文一三年五月京都大火。再び禁裏が炎上した。九月に「延宝」と改元。寛文年間は京都の大火に始まり京都の大火に終わった。

延宝二年（一六七四）は各地で大雨洪水が続き、不作となるところが多く、翌延宝三年は春から諸国飢饉となった。各地で飢人が流浪し、京都など都市では「非人施行」が行われる。延宝四年は一一月七日に江戸新吉原《しんよしわら》火事、一二月二六日には神田から出火して大火となる。延宝五年は三月一二日に陸中《りくちゅう》地震。M七・五。宮古《みやこ》・大槌《おおつち》・小名浜《おなはま》に津波が押し寄せた。一〇月九日には房総沖地震。M八・〇。磐城《いわき》から房総半島にかけて津波が襲った。

延宝八年から天和元年・二年（一六八一・八二）と続けて、畿内・西日本では飢饉となった。長崎では黄檗《おうばく》僧が崇福寺《そうふくじ》などで施行を行っている。大蔵経《だいぞうきょう》刊行を終えたばかりの黄檗僧の鉄眼道光《てつげんどうこう》は、大坂商人の合力《ごうりき》を得て、天和二年二月一三日から大坂瑞龍寺《ずいりゅうじ》で施行に取り組んだ。これには毎日数千人から二万人の飢人が押し寄せ、ひと月以上続いた。鉄眼はさらに富裕者から米銀の寄進を募って施行を京都にも広げる計画であったが、飢饉のなかで蔓延《まんえん》した疫病にかかり三月二〇日に死亡した。

それより前の延宝八年五月八日、将軍家綱が亡くなっている。四〇歳であった。もともと病弱であったが、とくに晩年は病気がちで政務を「権臣」に「委任」することが多かったという。『実紀』も、寛文・延宝期には「弄権《ろうけん》の輩《やから》すこぶる威福《いふく》をはり、擁蔽《ようへい》の風おこり、下《か》言《げん》通ずる事まれなり」と記す。権力をもてあそぶ者が威勢をはって、将軍を囲い隠すようになり、下々の意見が届かなくなったというのだ。池田光政が寛文八年（一六六八）に書いた酒井忠清への「直言」にも同じような認識が示されており、このままでは「一揆」「大乱」に至るとの危機意識が表明されていた〔倉地 2012〕。

コラム1　災害報道文学の登場

『むさしあぶみ』

明暦の大火を主題とした仮名草子の『むさしあぶみ』は、最初の災害報道文学と言ってよいだろう。この本の筋立ては、明暦の大火で焼け出されて世をはかなんだ男が、出家して「楽斎房《らくさいぼう》」と名乗り、流浪の末に京都の北野天満宮にたどり着く。そこで昔なじみの商人に出会い、問われるままに大火の惨状を語るというものだ。ここから、この本の出版目的が、江戸大火の体験を上方の人に伝えることにあったことがうかがえる。版元は京都寺町河野道清、刊行は万治四年（一六六一）三月である。

作者は浅井了意。摂津国の真宗大谷派の寺家に生まれ、寛永末年からは京都に住していた。この時期の了意には江戸三部作とでもいうべき作品がある。『むさしあぶみ』のほかは、『東海道名所記』と『江戸名所記』である。

このうち『東海道名所記』には刊記がなく、出版年も書肆《しょし》もわからない。諸国を流浪する「楽阿弥《らくあみ》」という僧が、江戸から京へ上る間に名所を紹介するという筋立てだ。「楽阿弥」は江戸をたつ前に町中を見物して江戸の名所を紹介するのだが、そこには明暦の大火に関わる記述はほとんど出てこない。唯一吉原について、大火後に現在地に移されたことを記すのみである。

それに対して『江戸名所記』では、大火で焼失したとか大火後に移転・再建したとかいった記述が、東本願寺《ひがしほんがんじ》・浅草報恩寺《ほうおんじ》・大雄山海禅寺《だいゆうざんかいぜんじ》・浅草薬師《やくし》・浅草誓願寺《せいがんじ》・西本願寺《にしほんがんじ》・烏森稲荷《からすがもり》・小石川金剛寺《こんごうじ》などで確認できる。とくに注目されるのは「廻向院」【写真４】の記述で、そこには六丁半（洋書で言えば一三頁）にわたって大火の様子が記され、内容や被災の数字などは『むさしあぶみ』と一致する。『むさしあぶみ』と『江戸名所記』は明らかに対応している。『江戸名所記』の刊行は寛文二年（一六六二）五月、書肆は京五条寺町河野道清だ。『江戸名所記』という枠組みでは書ききれない大火の状況を、『むさしあぶみ』という単独の作品として書ききり、先行して出版したという見方もできそうだ。『むさしあぶみ』には多数のさし絵も入れられている。

書肆「河野道清」

坂巻甲太《さかまきこうた》は、書肆の河野道清が江戸三部作を企画し、取材のための江戸行きを了意に促したのではないかと述べている〔坂巻・黒木 1988〕。興味深い推定だ。ただ、『東海道名所記』は本の風相《ふうあい》が他とは異なるし、書肆も不明だ。『むさしあぶみ』と『江戸名所記』との関係を考えても、当初から三部作として企画されたものとは考えにくい。

了意が取材のために江戸に下ったのは、大火から三年後の万治三年（一六六〇）のことと考えられている〔坂巻・黒木 1988〕。江戸では、文献や体験者の取材を通じて大火の情報を収集し、帰京後執筆したのだろう。その記述を諸記録と比較した水江漣子《みずえれんこ》は、『むさしあぶみ』の記録性を認め、了意の現実に対する関心の高さを評価している〔水江 1972〕。仮名草子は風刺を特徴とするが、『むさしあぶみ』では了意が報道に徹しているのが印象的だ。それだけ強い衝撃を受けたのだろう。

市古夏生《いちこなつお》によれば、明暦三年（一六五七）正月刊の『本朝武家《ほんちょうぶけ》根元《こんげん》』の刊記に「板木江戸 通金杉《とおりかなすぎ》壱町目

写真4　回向院
出所：『江戸名所記』第4巻.
所蔵・写真提供：国立国会図書館（初版).

本屋道清」とあるという〔市古 1977〕。市古は、この「本屋道清」と「河野道清」が同一人物で、江戸の書肆「道清」が明暦の大火で焼け出されて京都に移ったのではないかと推定している。『本朝武家根元』の出版は、明暦の大火と同じ月だ。とすれば、『むさしあぶみ』の「楽斎房」には「本屋道清」の姿が反映されていると言えそうだ。

「道清」の出版物としては、他に明暦二年四月刊の『新板平安城東西南北町并洛外《ならびにらくがい》之《の》図《ず》』があり、「河野道清」には明暦三年三月刊の『新板大坂之図』があるという。大火の二か月後だ。大火で江戸を焼け出された書肆が、京都に移ってすぐに出版を行うというのは、ちょっと考えにくい。江戸にあったのは京都の「河野道清」の出店であったかもしれない。いずれにしても明暦の大火によって江戸での活動が停止した可能性は高い。「河野道清」にとって大火が大きな転機になったことは間違いないだろう。

『むさしあぶみ』は緊迫した筆遣いが印象的だ。そこには了意の深い感慨が込められている。書肆と作者の両方の熱意が、最初の災害報道文学を生み出したと言えるだろう。

『かなめいし』

浅井了意は、災害をテーマとした作品をもう一つ残している。寛文二年(一六六二)の近江大地震に取材した『かなめいし』三巻がそれである。確認できる刊本の最も古いものは寛文一〇年で、書肆は不明。地震直後の八月には執筆されたと推定されている[土田 1971]。地震被害の大きかったのは近江・若狭《わかさ》地方だ。同書ではその地域の出来事も採り上げられているが、大部分が京都のことだ。そのことからも、京都に住んでいた了意の直接の見聞を集めたものと考えられる。

そのうち上巻と中巻は、災害の状況を客観的に描くというよりは地震時の逸話を集めたものだ。そのため、「楽斎房」のような案内者も登場せず、駄洒落《だじゃれ》や〈もどき〉(似せて作ること)の多い仮名草子らしい作品になっている。そこには自分の行動までも茶化して韜晦《とうかい》する（自分をくらまかす）了意らしい精神もうかがえる。

下巻になると、それまでとは書きぶりが違ってくる。〈一〉では過去の地震の事例を列挙する。そして、「これ（文禄五年の伏見地震）よりこのかたの事ハ今古き人ハおぼえ侍《はべ》り」と述べる。六〇年以前から後のことは記憶している人もいるが、それ以前のことは知る人もない。だから、あえて記したというのだ。また、地震の原因について諸説をあげたのちに、「さまざまいへども、これをとどむる手だてハなし」という。自然に対して人間は無力であり、何事も「天道次第」ということだろう。

最後の〈三〉になって「新房」という人物が登場する。かれは「浮世をめぐる痴者《しれもの》」だ。「世の中滅すべき境目也といひはやす」。世の終わりの始まりというのは一種の終末観だが、これは「痴《し》れ言《ごと》」（馬鹿な話）として笑われる。しかし、これも了意一流の韜晦で、半分はかれの本音だろう。さらに〈四〉になると、「新房」は「鹿嶋《かしま》の事触《ことぶ》れ」もどきになる。「鹿嶋の事触れ」というのは、その年の豊凶を鹿嶋大明神のお告げと称して触れ回る雑芸能者のことだ。

「新房」のお告げは、「このたびの地しんハ五こくゆたかに民さかゆべきしるし也」というものだ。そして、「鹿嶋明神かの五帝龍をしたがへ、尾頭《おかしら》を一所にくぐめて要目《かなめ》の石をうちをかせ給《たま》ふゆへに、いかばかりゆるとても人間世界はめつする事なし」と宣言する。日本列島は龍によって囲まれ守られているという図像は、中世以来広く流布していた〔黒田 2003〕。龍は人の手におえない。ときに暴れて地震を起こす。それを鹿嶋の神が要石で押さえている。だから人の世は安心だ。豊年・繁栄間違いなし。

災害報道文学は、民衆の「世直り」願望を代弁するものでもあったのだ。

第2章　災害と「公共」空間の広がり

1　綱吉の登場と災害

徳川綱吉《つなよし》が将軍であった時期は、広く「元禄《げんろく》時代」と言われる。この時期は、さまざまな意味で社会の転換期であった。一七世紀から一八世紀への変わり目でもあったこの時期は、大きな自然災害に繰り返し襲われている。そのなかで、「公儀」の指揮のもとに藩や民間の力を動員する救済システムが工夫された。それにあわせて、直接的で個別的な関係を超えた「公共」的な空間での人びとの活動が活潑《かっぱつ》になる。人びとの意識も変化する。

天和の治

徳川綱吉は、延宝八年（一六八〇）八月兄家綱の跡を継いで将軍に襲職する。その四か月後に大老酒井忠清が免職となる。これが綱吉「御代始め」の政治であった。前代までの門閥譜代を中心とした幕府政治を転換したいという綱吉の強い意志を示すものであった。綱吉前期の政治は「天和の治」と呼ばれ、門閥譜代中心の政治から将軍専制化による側用人《そばようにん》政治への転換と評価されている〔辻 1963〕。しかし、その意味は政権運営の方法にとどまるものではなく、政策内容から国家のあり方にまで及ぶものであった。その改革の方向は次の二点に大きくまとめることができる。

第一は、「公儀」のもとに強く統合された社会の創出がめざされたこと。

まずあげられるのは武家の統制。綱吉時代に、家中不取締《ふとりしま》り・素行不良などを理由に改易・転封された大名は四六例にのぼる。内訳でも、外様大名が一七例であるのに対して、譜代大名が二九例とはるかに多い。不正を摘発された代官の処分も五一例を数える。綱吉の掲げる「政治の善悪を監察し、賞罰を厳格・明瞭《めいりょう》にする」という原則の徹底が図られ、幕府機構の中央集権化と代官や諸役人の官僚化が進んだ。とりわけ、財政・経済政策を担当する勘定方の幕府内での地位が向上し、それを統括する勘定奉行の権限が強まった。

庶民に対しても、出版や宗教活動への統制を強め、華美を取り締まる一方、孝子節婦《こうしせっぷ》を表彰するなど道徳教化にも力を入れた。悪名高い「生類憐《しょうるいあわ》れみ令」や「服忌令《ぶっきりょう》」などを通じて、「仁」や「礼」の秩序を広げることで民間社会の統合を強めようとした〔塚本 1983〕。「武家諸法度」や庶民向けの「高札」に、同じように「忠孝」や「礼儀」が掲げられ、「仁」

や「慈悲」とあわせて、身分や階層を超えて人びとが共通の社会意識を持つことがめざされた。儒学の奨励も綱吉によって本格化する。

第二は、「公儀」そのものの強化がめざされたこと。

改易・転封にともなって検地が実施され、増加した打ち出し分が幕府領に編入された。関東でも旗本領・幕府領の検地と知行割り替え（「元禄の地方直《じかたなお》し」）が行われ、旗本の知行地に対する権限の制限と江戸居住が命じられた。こうした措置によって、家綱時代に三〇〇万石であった幕府領は四〇〇万石を突破した。

また、綱吉の行った元禄国絵図改訂事業には国土観の深化を見ることができる。先に家光が作らせた正保国絵図では、国土を領地の集積とする国土観が強かった。村には石高とともに領主名が記され、各国のうちの幕府領と私領とが代官・領主ごとに集計され、畾紙《らいし》（地図の余白）部分にまとめて示されていた。それに対して元禄図では、領知に関する記載が削除され、領分図としての要素は払拭《ふっしょく》された〔杉本 1999〕。国絵図は国土そのものを表示するものとなり、その国土を将軍が統治するという観念が鮮明にされたのだ。こうした国土観が、領知高に結ばれていない土地（「無主の地」）は「公儀」のものであるという意識を支えることになる。

日本列島を統治する公権力としての「公儀」という性格が、より前面に打ち出されるようになった。

災害と「怪異」

上から社会を統合しようとする動きは、下々に緊張を強いるものだ。厳格な統制政治のもとでは不満がさまざまなかたちで蓄積する。

「天譴」論には先にも触れた。古く中国から伝わったもので、日本列島の人びとにも広く受け容れられていた。「天譴」論では、災害を悪政の結果であり大乱の兆《きざ》しだと考える。その証拠は、災害にともなってさまざまな「怪異」現象が起きることでもわかる。だから、ことさらに「怪異」を語ることは、悪政を批判することであった。

戸田茂睡《とだもすい》の『御当代記《ごとうだいき》』は将軍綱吉一代の出来事を記したものだが、全編が災害と「怪異」の記述に満ちている〔塚本 1998〕。最初は、綱吉襲職直後の延宝八年（一六八〇）閏八月六日の大風洪水だ。この年には、「ほうき星出、大風吹き、黄蝶《こうちょう》数十万飛びあるき」と「怪異」が続く。「黄蝶は乱世の兆し」と噂された。その後天和二年（一六八二）までの三年間は、長雨や大雨風・洪水が列島各地を襲い、諸国で飢饉が続いた。これも先に触れたように、長崎や京都・大坂で黄檗僧たちによる施粥が行われ、窮民はようやく飢えをしのいだ。

天和二年一二月二八日、江戸下町一帯を焼き尽くす大火が起きる。この火事で焼け出された八百屋お七は、避難先の寺小姓を見初《みそ》め、再び逢《あ》いたさに翌天和三年三月に付け火をして処刑されたという。こうした言い伝えから先の大火を「お七火事」という。『御当代記』は、それ以降天和三年二月までの二か月あまりに、毎日昼夜五、六度、多いときには八、九度も火事があったと記す。しかも、そのすべてが放火だったという。それを取り締まるために幕府は、中山《なかやま》勘解由《かげゆ》直守《なおもり》を火付《ひつけ》改《あらため》に任じた。町々には、火の見櫓《やぐら》を設けて、付け火を監視するよう命じている。

天和三年五月二三日、二四日と続けて日光で地震、M六・五。次いで九月一日にも日光で地震、M七・〇。崩れた土砂がその後の大雨で土石流となり、日光の町は大洪水となった。九月上旬には品川・芝あたりの海面に黄蝶が夥《おびただ》しく飛んだ。家康を祀る日光で連続した災害に、綱吉の生母である桂昌院《けいしょういん》は「乱世遠からず」と嘆いたという。

天和四年二月一四日には、伊豆大島が噴火する。大島は、大坂の陣の前夜にも、島原天草一揆のときにも噴火した。そのことを理由として、今回の噴火も「乱」が起きる前兆ではないかと人びとの間に不安が広まった。

元禄関東大地震と津波

元禄一六年（一七〇三）一一月二三日午前二時ごろ、M七・九〜八・二と推定される巨大

地　域	死者（人）	全潰（軒）	半潰（軒）
甲府領	83	345	281
小田原領	2,291	8,007	
房総半島	6,534	9,610	
江戸府内	340	22	
駿河・伊豆	397	3,666	550
諸国	722	774	160
計	10,367	22,424	991

表2　元禄関東大地震の被害状況

地震が関東地方を襲った。相模《さがみ》トラフ付近で起こったプレート境界地震で、震源域は相模湾から房総半島沖にまで及んだと考えられている。このため房総半島では激しい地殻変動が起こり、南端で六メートルほど隆起したのに対して二五キロメートル北では一メートルほど沈降したという。土砂崩れも各地で発生している。地震の直後には津波が起き、相模湾から房総半島で一〇メートルを超えた。東京湾の浦安《うらやす》や江戸品川でも二メートルの津波があった〔内閣府 2013〕。

綱吉の側近である柳沢吉保《やなぎさわよしやす》のもとには各地から被害状況が寄せられた。その日記である『楽只堂年録《らくしどうねんろく》』などから被害状況をまとめたものが【表2】である。このうち小田原藩領は、地震・津波のうえに城下で起きた火事による被害が甚大であった。死者は約二三〇〇人、全潰家屋は八〇〇〇軒を超えた。このほか、鎌倉では約六〇〇人が流死、伊豆半島の伊東でも約七八〇人が流死、とりわけ宇佐美《うさみ》村では三八〇余人が犠牲になったという。伊豆大島でも一〇メートル前後の津波があり、北部の岡田《おかだ》湊で五八軒が流失、五六人が流死と記録されている。

小田原藩では地震直後から城下で施行を行うとともに、東海道の宿駅や定助郷《じょうすけごう》の村々に貸付金や扶持米を支給した。幕府は小田原藩大久保《おおくぼ》氏に一万五〇〇〇両の拝借金を援助するが、そのうち半分の七五〇〇両は家中御救《おすくい》金として使用された。天守閣をはじめ城郭の被害も激しく、修復工事が終了したのは一八年後の享保六年（一七二一）であった。また、藩では元禄地震の犠牲者を供養するために黄檗宗の慈眼寺《じげんじ》を創建している。

先の【表2】によれば、江戸での被害は大きくは見えないが、それでも家屋や土蔵の倒壊によって三〇〇人以上の死者が出ている。むしろ地震から六日後の一一月二九日に起きた大火によって、より多くの犠牲者が出た。この日午後八時ごろ、小石川の水戸藩上屋敷から出火、本郷から谷中《やなか》まで江戸東部の中心地が焼けた。両国橋が焼け落ちたため、逃げ場を失った避難民が一七三九人も亡くなったと『武江年表』は記している。死者は三〇〇〇人にのぼるという。世に水戸様火事とか地震火事とか言われる。幕府は復興のため水戸藩に一万両を下賜したが、それ以外に目立った救済措置がとられることはなかった。

房総半島は津波の被害が甚大であった。長生村《ちょうせい》一松《ひとつまつ》の本興寺《ほんこうじ》にある二メートル近い大位牌《い はい》には七〇〇人近い戒名が書かれている。その本山にあたる茂原《もばら》の鷲山寺《じゅせんじ》の供養塔には、「一松郷八四五人」をはじめ他の九か村をあわせて溺死者「二千百五拾余人」と記されている。いずれも九十九里浜の低地に広がる村々で、家も人も津波に洗い流された。安房《あわ》郡真浦《もうら》村では、地震による山崩れで二八人が死亡、津波では八〇余人が溺死した〔内閣府2013〕。

記憶と供養

元禄大地震や津波のような災害について、当時の人びとにとって思い出すべき記憶は乏しかった。『元正間記《げんしょうかんき》』は「江戸初《はじま》りての大地震」と記しており、江戸開府以来初めてのことだと言う。他方、幕府の『柳営日次記《りゅうえいひなみき》』は「慶安二己丑《つちのとうし》年、武州大地震これ有り、以後は今度初てなり」と記して、五四年前の慶安二年（一六四九）六月二一日に起きた武州大地震を想起している。この地震はM七・〇、死者は五〇人余であった。津波も起こっていない。元禄大地震とは比べようもないが、当面思い出すのはこのくらいであった。

房総地方では、二六年前の延宝津波の記憶が伝えられていた。延宝五年（一六七七）一〇月九日に陸奥《むつ》南部から常陸《ひたち》・房総地方を襲ったもので、磐城平《いわきたいら》藩領の小名浜周辺では、約五五〇軒が流倒し、一二〇人ほどが溺死している。千葉県長生郡白子町《しらこまち》に伝えられた池上《いけがみ》了伯《りょうはく》の「一代記」には、延宝津波は六丁（約六五四メートル）打ち入り、一〇丁（約一〇九〇メートル）ばかり流れ渡ると書かれている。体験者も多く生存していたに違いない。地震の後に津波が来ることはわかっていたが、元禄津波は「開闢《かいびゃく》ヨリ以来此の浜に云い伝えず」

というほど激しいものであった。その様子は「海ギワヨリ岡エ一里計《ばかり》打カケ、潮流ユク事ハ一里半ハカリ」と記されている。延宝津波の数倍の規模であったのだ。

了伯の「一代記」は、延宝津波の五一年前にも同じような津波があったと記す。九十九里町粟生《あお》の飯高《いいだか》家文書にも同じような伝承が見られる〔『新修日本地震史料・第二巻別巻』〕。五一年前は寛永三年（一六二六）にあたるが、その年や前後の年に房総地方で津波があったという確かな記録は見当たらないようだ。寛永一〇年の小田原地震のことだろうか。六、七〇年以上を超えると、口頭による伝承は不確かなものとならざるをえない。

伊東の宇佐美村行蓮寺《ぎょうれんじ》の供養塔【写真5】は、元禄津波の六〇回忌にあたる宝暦《ほうれき》一二年

写真5　行蓮寺の元禄地震津波供養塔（裏面）
著者撮影.

（一七六二）に行われた施餓鬼《せがき》にあわせて建てられたもの。元禄津波後に人びとは、七〇年前の寛永一〇年に起きた小田原地震のことを思い出し、小田原地震のときにはしばらくしてから津波が来たのに、元禄津波は地震発生直後に来たために油断して多くの犠牲者が出たのだと記している。口頭伝承による記憶は、七〇年後にはすでに曖昧になっていたのだろう。その過ちを繰り返さないため、この村では元禄地震から六〇年を機に改めて供養塔が建てられたのだ。

房総半島でも元禄津波の供養塔が多数残されている。建立年代がわからないものが多いが、七回忌にあたる宝永《ほうえい》六年（一七〇九）に建てられた松ヶ谷《まつがや》地蔵堂の地蔵尊石像などは、年代のわかるものとしては古いものだ。供養塔には犠牲者の戒名を記すものも少なくない。一人一人の思い出とともに災害の記憶が伝えられる。七〇〇人近い戒名を記した本興寺の位牌は、個々の「いのち」の記憶であるとともに村の集団的な記憶にもなった。

真浦村威徳院《いとくいん》には元禄地震の後に供養塔が建てられたようだ。それが摩滅したために五〇回忌にあたる宝暦二年に再建されたのだが、それも摩滅したため、一三〇回忌の天保二年（一八三一）に古碑を写して新しい石塔が建てられた。それが今に残っている〔『新修日本地震史料・第二巻別巻』〕。年忌を繰り返すことで記憶が更新され伝えられる。

流言と「世直り」

災害後の流言に対して統制を加えることは明暦の大火に始まるが、流言と統制の「いたちごっこ」は元禄地震のときから本格化する。

幕府は地震直後の一一月二八日に、「怪鋪《あやしき》もの」が徘徊《はいかい》して「虚説」を触れ回っているので、見付け次第届け出るよう指示した。しかし「虚説」はやむことなく、最近では「謡《うたい》・狂歌《きょうか》」などを作って触れている者もいるということで、翌年三月にも再度取締りの町触《まちぶれ》を出している〔『御触書寛保《おふれがきかんぽう》集成』〕。

『元正間記』はそうした狂歌や軽口《かるくち》をいくつか採集している。「猿楽《さるがく》や田楽斗《でんがくばかり》お好《すき》ゆへ 水戸宰相《さいしょう》味噌《みそ》を付けたり」というのは、水戸様火事の責任を追及するもの。「味噌を付けたり」とは面目を失うこと。当時の「水戸宰相」は徳川綱条《つなえだ》。能楽にうつつを抜かしているからだという批判が読み取れる。

元禄地震の前年には赤穂《あこう》浪士による吉良《きら》邸襲撃事件が起きている。米沢《よねざわ》藩主上杉綱憲《うえすぎつなのり》は吉良上野介の実子であったため事後処理に苦労したが、地震からの復興事業では箱根周辺の東海道復旧の御手伝普請を命じられた。それを皮肉ったのが、「此度《このたび》ハ箱根の山の御手伝ひ又大石にこまる弾正《だんじょう》」という狂歌。「大石」は大石内蔵助《くらのすけ》と地震で崩れた大きな石を掛けている。「弾正」は綱憲のこと。いずれの場合も綱憲は幕府に振り回されているわけだから、暗に幕府を批判する狂歌と読める。

「恵方《えほう》よりよき年男地震来て 万歳楽《ばんざいらく》と祝ふ世なをし」という狂歌は、少しずつ語句が違うかたちでいくつかの記録に記されている。当時よくはやった狂歌だろう。地震後の「世直り」を待望する民衆意識を端的に表現している。

元禄地震は名古屋でも揺れたようだ。尾張藩士の朝日定右衛門《あさひさだえもん》は「十八年先八月十六日辰《たつ》刻の地震よりは震ふ事久し」と『鸚鵡籠中記《おうむろうちゅうき》』に記している。一八年前の地震は、貞享《じょうきょう》三年（一六八六）の三河遠江地震のこと。M七・〇、渥美《あつみ》半島で被害が大きかった。朝日は直近の地震としてこれを想起した。元禄地震の状況について朝日は各地の情報を収集しているが、なかに「大樹《たいじゅ》も御あやまちに成る」という流言もあった。将軍が地震で負傷したというのだ。朝日は「虚説なるべし」と記しているが、将軍の負傷を「天譴」と考えれば、こうした流言も綱吉政治に対する批判と考えてよいだろう。批判や不満を回避するためには気分を一新する必要がある。リセットは為政者の要求でもあった。

翌元禄一七年（一七〇四）三月、年号が元禄から「宝永」へと改元される。

宝永大地震と津波

元禄地震の記憶も生々しい宝永四年（一七〇七）一〇月四日、関東地方から九州地方にかけての広い範囲で大きな地震があった。南海トラフ沿いに起きたプレート境界地震で、最近の研究では、震源域は西は四国沖から東は御前崎《おまえざき》沖までの広範囲に及ぶものであったと推定されている〔内閣府2014〕。M八・六、歴史地震として最大級のものであった。地震後、九州西部から東海地方まで津波が押し寄せている。

元禄大地震と同じように、柳沢吉保をはじめ幕府のもとに寄せられた届出などから被害状況を【表3】にまとめた。領主ごとの集約に精粗があるので正確な状況をつかむのは困難だが、大まかな状況は理解できるだろう。地震動による被害は各地で確認できるが、とくに甲《か》斐《い》・信濃《しなの》・美濃・尾張・三河・大和など内陸地域でも大きな被害が出ていることに注意したい。紀伊半島や四国・九州西部は津波の被害が甚大だ。

紀伊半島では、熊野灘《くまのなだ》側で一〇メートルを超える津波が押し寄せた。紀伊長島《ながしま》では町中が流され、五〇〇余人が流死した。尾鷲《おわせ》五か浦でも、五〇〇軒以上が流失、五三〇余人の流死者が出ている。紀伊水道側でも津波は六〜七メートルにおよび、湯浅《ゆあさ》村・広《ひろ》村は「惣海」となり、湯浅で五〇人、広で六〇〇人余が流死した。印南浦《いなみうら》では三〇〇人以上、富田《とんだ》川河口周辺で八七人、周参見浦《すさみうら》で一三四人が溺死した。

阿波国でも南部が大津波に襲われた。宍喰浦で一一人、浅川浦《あさかわうら》で一七〇余人、牟岐浦《むぎうら》で一〇〇余人がそれぞれ流死、家はいずれも残らず流された。

地　域	死亡（人）	負傷（人）	全潰（軒）	半潰（軒）	流失（軒）
甲斐	24	62	7,651		
信濃	10		590	801	
美濃			666	473	
駿河・伊豆・遠江	121	18	15,115	10,170	2,611
尾張・三河	25	2	6,448	4,613	294
伊勢・志摩・紀伊（一部）	1,143	81	3,764	4,492	2,158
近江			136	1,306	
山城			12	162	
大和	83	3	5,301	4,807	
大坂町中	534		1,061		
摂津・河内・和泉	44	14	5,762	10,035	64
淡路・播磨・摂津（一部）	9	222	214	11	
紀伊	689		690	619	1,896
出雲・石見			118		
備前				8	
安芸・備後			60	82	
讃岐	29	3	1,387	12	
阿波	420		230		700
伊予	26	53	946	578	333
土佐	1,844	926	4,863	1,742	11,170
豊後	37		400	273	409
肥後			470		
日向	7		420	346	26
計	5,045	1,384	56,304	40,530	19,661

表3　宝永大地震の被害状況

　最も被害が大きかったのは土佐国である。藩が幕府に報告したところでは、亡所《ぼうしょ》の浦六一、半亡所の浦四、亡所の村四二、半亡所の村三三、流家一万一一六七軒、潰家五六〇八軒、破損家一〇〇〇軒余、損田畠四万五六五七石余、流失破船七六八艘、怪我《けが》人九二六人、死人一八四四人、死牛馬五四八四、城下町の過半が潮入りとなった。

　豊後水道の両側では、リアス式の海岸部で津波被害が大きくなった。伊予《いよ》国では宇和島《うわじま》藩領で流失家屋二五七軒、流死八人、城下も潮入りとなった。日向国では延岡《のべおか》藩領で五人、豊後では佐伯《さえき》藩領で二三人がそれぞれ流死している。

大坂では三郷《さんごう》で一〇六一軒が倒壊、五三四人が亡くなった。地震から二時間後くらいに津波が川口から逆流し、湊に繋留《けいりゅう》されていた大船が道頓堀《どうとんぼり》や日本橋《にっぽんばし》まで押し上げられた。流失した船は三〇〇艘、流死者は一万人を超えたという記録もある。

名古屋の朝日定右衛門はやはり全国の状況を収集している。大坂と東海道筋の宿場の状況が詳しい。遠江では白須賀《しらすか》・新居《あらい》が残らず潰れ、宿場の半分は海に没したという。

救恤と復興

地震津波から数日間は余震が続き、多くの人びとは高所の屋外で過ごした。当初は残った食料をかき集めて近隣の者が分け合ってしのいだ。しばらくして、高知藩や和歌山藩・鳥羽《とば》藩では被災民に救米を支給している。尾鷲組では大庄屋格の豪農が米を供出、長島仏光寺《ぶっこうじ》では住僧が本山から借金をして難民に施した。いずれも和歌山藩領である。九州の延岡藩・佐伯藩では城下が浸水したため、城門を開いて町人が城内へ避難するのを受け容れ、避難民に粥施行を行っている。年貢の減免や翌年の種籾の貸与など、災害や凶作の際にとられるような対策は、どの藩でも行われた。

大坂では、町奉行所が地震後の治安維持や物価抑制などの町触を出しているが、救米や復興資金の貸与などは行われていない。救恤《きゅうじゅつ》は、町による相互扶助や寺院による施行にまかされた。こうした活動は富裕な町人の援助によると思われるが、その実際はよくわかっていない。三郷の主要な橋も破壊されたが、その復旧も町の費用でまかなわれた。

復興は被害の状況に応じてさまざまであったが、とりわけ人的被害の大きかったところでは困難を極めた。尾鷲組では復興のための資金や竹木の提供が藩によって行われたが、二年後でも復旧した家屋は一二二軒にとどまり、復旧予定の八軒を除いても、いまだ五一二軒が小屋掛けのままであった。八割の被災者が「仮設ぐらし」という状況だったのだ。

写真6　印定寺の津浪溺死霊名合同位牌（裏面）
写真提供：和歌山県立博物館.

そうしたなかでは、犠牲者を供養することが人びとの心の支えとなっただろう。地震の三年後に長島仏光寺には「津波流死塔」が建てられ、五〇〇余人を供養するとともに、「自今以後、大地震時は覚悟有るべき事」との教訓が刻まれた。印南浦の印定寺《いんじょうじ》には一三回忌にあたる享保四年（一七一九）に作られた大位牌がある【写真6】。表面には犠牲者一六二人の戒名が書かれ、裏面には津波の様子が生々しく記されている。

四国地方でも各地に供養塔が残る。阿波の浅川浦には五年後の正徳《しょうとく》二年（一七一二）に建てられた地蔵尊石像があり、犠牲者一四〇余人を供養する。同国鞆浦の供養碑は慶長の津波供養碑に宝永の経験を追刻したもの。身近な犠牲者を悼むとともに、津波の記憶を後世に伝えようと、各地にこうした供養塔が建てられた。

宝永富士山大噴火

宝永大地震から四九日後の一一月二三日午前一〇時ごろ、富士山が噴火した。宝永地震の翌日である一〇月五日午前六時ごろに富士山東麓でM六・五程度の大きな余震が起きており、大地震が噴火の引きがねになった可能性は高い。当時の人びとも地震と噴火を関連付けて意識していた。噴火は一〇日以上続き、麓《ふもと》には焼け石が降り、須走《すばしり》村では七五戸のうち三七戸が焼け、他の家もすべて倒壊した。火山灰は西風に乗って房総地方にまで広く降り積もった。

この噴火で最も大きな被害を受けたのは小田原藩であった。小田原藩は、元禄地震津波で壊滅的な打撃を受けた直後であったから、事態は深刻であった。藩主は大久保忠増《ただます》。二年前の宝永二年（一七〇五）に老中に就任していた。幕府は拝借金一万五〇〇〇両を許した。ただし、藩では領内巡見を行ったものの、村々に対しては自力復興を促すのみであった。やむなく領内のうち一〇四か村は相談して江戸へ出訴することにした。この動きに慌てた藩では、二万俵の御救米と二万七〇〇〇両の砂除金《すなよけきん》を支給すると村々に告げた〔永原 2002〕。

しかし、翌年になっても復興は遅々として進まない。そこで幕府は、思い切った手を打つことにした。被災地を上知《あげち》（知行地を返上すること）させて、幕府の手で直接復興しようというのだ。これにより、小田原藩領のうち半分を超える五万六三八四石余が幕府領とされ、かわりに美濃・三河・伊豆・播磨《はりま》の四か国で同量の替え地が大久保家に与えられた。小田原藩支藩の荻野山中《おぎのやまなか》藩と旗本稲葉《いなば》紀伊守正辰《まさとき》の知行地も一部が上知されている。

幕府で復興を担当したのは、関東代官頭《だいかんがしら》（郡代）伊奈《いな》半左衛門忠順《ただのぶ》であった。伊奈の方針は、耕地の復旧は村の自力で行わせて、「公儀」は治水などの大規模工事を行うというものであった。これにもとづき、宝永五年閏一月に岡山藩・小倉《こくら》藩などに「相州川浚《かわざらえ》御手伝普請」が命じられた。普請の内容は、酒匂《さかわ》川・金目《かなめ》川の川浚えと堤の修復で、実際の工事は町人が請け負うかたちで行われた。請負額は八万五五〇〇両、これを御手伝を命じられた大名が知行高に応じて出金した。人夫には被災地の人びとが一日銀二匁《もんめ》五分《ふん》で雇われた。これには被災者援助の意味もあった。工事は四か月ほどで終了する。

ところが、同年六月下旬の大雨で酒匂川の大口《おおぐち》堤が決壊してしまう。上流に溜《た》まった灰土が一挙に川へ流れ込み、土石流となって土手を打ち破ったのだ。一〇月、幕府は直《じき》普請で当座の修復を行った。そして翌六年八月に再び御手伝普請を、酒匂川は伊勢津藩藤堂《とうどう》氏に、金目川は遠江浜松藩松平氏にそれぞれ命じた。さらに宝永七年四月には相模川の御手伝普請を山形藩堀田《ほった》氏らに命じている。

これらの大河川の普請とは別に、中小河川や用水路の復旧は村々が組合として行った。これらの普請に対して幕府は、村々からの訴願に応じて川浚人足扶持米を支給し、村内の用水掘浚《ほりさらえ》人足扶持米も薄く広く配布した〔古宮 2009〕。

諸国高役金

被災地の幕府領化とあわせて幕府がとったもう一つの措置が、諸国高役金《しょこくたかやくきん》の賦課である。これは宝永五年（一七〇八）閏一月に命じられたもので、「武州・相州・駿州三か国の内、砂積もり候村々御救 旁《かたがた》の儀」のため、全国の幕府領と私領の村々から高一〇〇石につき金二両を取り立てる、というものであった。ただし、村々から取り立てるのには時間がかかるので、大名領では当座は領主が立て替えて三か月以内に納入するよう指示された〔『御触書寛保集成』〕。「公儀」の権限によって全国から一律に復興資金を徴収しようというのだ。この高役金は、期限通りに四八万八七七〇両と銀一貫八七〇匁が集まった。噴火と被害の凄まじさが諸国にも知れ渡っていたのだろう。

この高役金の使途はよくわかっていない。当時の勘定奉行荻原重秀《おぎわらしげひで》によれば、高役金の本来の目的である噴火災害の復興資金として使われたのは一六万両余で、残りの三二万両は幕府の御金蔵に入れられ、そのうち二四万両は江戸城北の丸の造営費として留保されているという〔『折《お》りたく柴《しば》の記《き》』〕。復興資金よりそれ以外の費用の方が多いのはなぜだろうか。先の高役金の触で言えば、「御救旁の儀」とある「旁」がミソだ。「旁」は、「あれこれと」とか「何やかや」といった意味である。当初から幕府は、高役金を直接の被災地救援のためばかりでなく、幕府財政の補塡《ほてん》にも使う考えであったのだ。

この諸国高役金は、幕府が全国の村々に一律に賦課する臨時税であった。こうした幕府による直接税が始まったのが綱吉政権期であり、その最初は東大寺大仏殿の再興事業であった〔杣田 2003〕。

大仏殿は戦国時代末期の永禄《えいろく》一〇年（一五六七）に松永久秀《まつながひさひで》の攻撃によって焼け落ちた。

その後織田信長・豊臣秀吉・徳川家康といった天下人が復興を企画したが、実現できなかった。これを実現したのが、東大寺の龍松院《りゅうしょういん》公慶《こうけい》である。公慶は貞享二年(一六八五)から諸国勧進を始め、一万一一七八両余を集めて大仏頭部の鋳造を行い、元禄五年(一六九二)三月大仏開眼《かいげん》供養を実施した。

次いで公慶は大仏殿の再興に取りかかるが、これはさらに大事業であった。そのため公慶は知足院《ちそくいん》の隆光《りゅうこう》を通じて幕府に支援を頼むこととなる。隆光は綱吉の母である桂昌院が深く帰依する真言僧であった。元禄七年諸国を廻《めぐ》って勧化金《かんげきん》を集める「御免勧化」の許可を得、元禄一二年には幕府領の村々から、さらに元禄一四年には私領村々からも、それぞれ高一〇〇石につき金一歩ずつを徴収することとなった。これが諸国高役金の始まりである。こうした募金活動によって金一二万四一七一両余、銀八四貫五一匁余が集まり、宝永六年(一七〇九)ついに大仏殿の再興がなったのであった。現在に残る大仏と大仏殿は、この元禄期の事業によって再興されたものだ。

東大寺の大仏は、古代以来、国土安穏・万民安楽の象徴であった。その再興は人びとの救済願望を満たすことであり、国土を統治する「公儀」にふさわしいとともに、なさねばならぬ事業であった。災害復旧も公権力である「公儀」に課せられた課題であった。そうした事業を諸国高役金という「公儀」にふさわしい税制として実現したところに、綱吉政権の画期性があると言ってよいだろう。

御手伝普請と拝借金

富士山宝永噴火の復興にあたっては、たびたび河川修復のための御手伝普請が命じられた。そのことの意味についても、振り返っておきたい。

そもそも御手伝普請は、幕府が行う普請を大名に手伝わせるもので、平時の軍役とも言われるように、領知安堵《あんど》など将軍の「御恩」に対する大名の「奉公」と位置付けられるものであった。つまり、将軍と大名との主従関係にもとづく課役であったのだが、普請の内容は、「天下普請」とか「公儀普請」とか言われるように、「公共」的な性格のものであった。

普請の対象を善積美恵子《よしづみみえこ》に従って、城郭、河川、寺社、御所（禁裏造営）の四つに分類したのが、【表4】である〔善積1968・69〕。ここから、江戸時代前期には城郭が主な対象であったのに対して、中期以降は河川が対象とされるようになることを見てとることができる。「公儀」の公共機能が、治安から民政に移行したことをはっきりと示しているだろう。なお、寺社は東照宮・上野寛永寺・増上寺など将軍家関係の修築が中心で、一七世紀末から一八世紀初めに数が多いのは主に綱吉の寺社保護政策によるものである。ただし、件数のわりに御手伝を命じられる大名の数は多くなく、一つ一つの規模も大きくはない。この時期を除けば、

年　代	城郭	河川	寺社	御所	計
1601（慶長6）～1625（寛永2）	31	0	3	2	36
1626（寛永3）～1650（慶安3）	26	0	11	0	37
1651（慶安4）～1675（延宝3）	12	0	19	3	34
1676（延宝4）～1700（元禄13）	8	0	32	0	40
1701（元禄14）～1725（享保10）	13	10	24	2	49
1726（享保11）～1750（寛延3）	2	3	11	0	16
1751（宝暦元）～1775（安永4）	3	7	12	1	23
1776（安永5）～1800（寛政12）	2	17	11	1	31
1801（享和元）～1825（文政8）	0	14	9	1	24
1826（文政9）～1850（嘉永3）	4	6	9	0	19
1851（嘉永4）～	1	1	4	1	7
計	102	58	145	11	316

表4　御手伝普請の対象
出所：善積〔1968・69〕より作成.

前後の時期の件数に大きな違いはない。

河川を対象とした御手伝普請が本格的に始まるのは、元禄一六年（一七〇三）から翌宝永元年（一七〇四）まで行われた大和川の修築だという。以後、宝永・正徳年間に各地の河川普請が増加する。一七世紀に日本列島では耕地面積が一・五倍に増加する。これは主に大河川下流域での新田開発によるもので、長大な川除《かわよ》け堤が築かれるようになった。そして一八世紀に入るころから、こうした地域で洪水被害が頻発するようになったのだ。しかも、大河川の治水の場合は、複数の大名・領主にまたがることが多いから、個別の対応は難しく、勢い、「公儀」の公共的な役割が求められることになったわけである。

他方、被災した大名を救済するために、幕府が拝借米や拝借金を下賜することも増えるようになる。大名は領地に対する「自分仕置」を認められていたから、本来は災害からの復旧も自力で行うのが基本であった。しかし、自力で叶《かな》いがたいときには、大名や旗本からの「嘆願」にもとづいて「恩恵」として拝借金が認められた。こうした拝借金が本格的に行われるようになるのは明暦の大火のときからであり、そのときのことは先にも触れている。

拝借金は無利息が原則で、一〇か年賦など長年期の分割返済が一般的であった。拝借の理由は、大平祐一《おおひらゆういち》によれば、①居城罹災《りさい》、②居屋敷罹災、③領分町在罹災、④領分損亡、⑤役儀、⑥続柄、などに分けられる〔大平 1974〕。①から④までは災害救済、⑤は「公儀」の重職を務めることへの支援であり、徳川家との特別な関係による⑥の場合を除いて、「公儀」の公共的役割にもとづくものと理解される。つまり、形のうえでは将軍と大名・旗本との主従関係にもとづく拝借金も、その機能という点では「公儀」の公共的な性格を示すものと言えるだろう。

また、元禄の初年のころまでは万石以下の旗本層が主な対象であったのに対して、元禄末年から宝永期にかけては、先にも見たように御三家や幕閣など大きな大名の救済のための拝借が増えるのが注目される。

このように、元禄・宝永期になって御手伝普請や拝借金が増加した。これも、災害を機にして「公儀」の公共的な役割への期待が高まり、幕府がそれに応じた結果と言えるだろう。

2　享保の改革と災害

綱吉の後は、「正徳の治」と呼ばれる短い時期をはさんで八代将軍徳川吉宗《よしむね》の治世となる。吉宗の政治は「享保の改革」として評価されることが多いが、その政策基調は綱吉時代を引き継いだものであった。災害が続くなかで、救済システムはより幅広いものとなり、各地の領主や庶民を巻き込みながら深まっていく。「公儀」や領主への依頼が強まるが、他方でそれが満たされないときには政治に対する不満や批判が高まった。

「国役普請」制度

宝永六年（一七〇九）一月、綱吉が死去し、柳沢吉保も引退する。綱吉の兄綱重《つなしげ》の子の家《いえ》宣《のぶ》が将軍となるが、家宣は三年後に死去し、その跡を継いだ子の家継《いえつぐ》も三年で亡くなる。家宣・家継の時代は、儒者の新井白石《あらいはくせき》が政治に参画し、側用人の間部詮房《まなべあきふさ》が実権を握った。この時期の幕府政治を一般に「正徳の治」という。綱吉の「悪政」を否定したと評価されることが多いが、幕府領支配や農政の基本は元禄期の方向性を引き継ぐものであった。家継の跡は、御三家の一つである紀州徳川家から入った徳川吉宗が八代将軍として継ぐ。これらの時代も、災害との闘いが続いた。

まずは治水に関わることから見ておこう。

正徳期以降も洪水が頻発する状況は変わらなかった。正徳二年（一七一二）は七月・八月と大雨風によって畿内・西国で洪水が続いた。木津《きづ》川・淀《よど》川の堤が各所で切れ、『月堂見聞集《げつどうけんもんしゅう》』は「流家数知れず、死人何千人ともわからず」と記す。正徳四年八月も畿内で暴風雨、米価が高騰した。享保六年（一七二一）夏には東国・西国・畿内で洪水、備中鴨方《かもがた》藩では二万石のうち一万五八〇〇石が損亡、備中松山《まつやま》川は二丈（約六メートル）の増水で松山城下（現岡山県高梁《たかはし》市）が浸水した。次いで享保八年は奥州・関東筋で大雨洪水、奥州筋では五〇万石余が損亡となった。享保一三年九月一日には江戸が大洪水に襲われている。

こうしたなかで、幕府は「国役《くにやく》普請」制度を始動させる。享保五年五月、諸国の堤・川除・旱損《かんそん》所などの普請について次のように触れたのだ（『御触書寛保集成』）。

①「一国一円」の国持や二〇万石以上の大名は、これまで通り自力で普請すること。
②二〇万石以下で、「自普請」ができず、打ち捨てておいたら亡所になるような大きな普請は、御料（幕府領）・私領の区別なく「国役割合」で普請を申し付ける。
③「公儀」からも費用の一部に加金するので、自分で普請できないところは申し出ること。詳しいことは勘定奉行と相談すること。

あくまで「自普請」が原則だが、不可能なときは「国役割合」で普請を行うというのだ。さらに同九年、「国役普請」の対象となる河川、適用される工事の規模、国役を賦課する範囲が、【表5】のように定められた〔岐阜県 1972〕。東北地方や西日本があがっていないのは、国持大名が多いことによる。結果的に、譜代大名領や幕府領が錯綜《さくそう》する地域が対象となった。普請費用はさまざまだが、とくに武蔵・下総、駿河・遠江・信濃、美濃、山城《やましろ》・河内・摂津が大規模だ。費用負担は、幕府が見立てて普請する場合は、一〇分の一を幕府が負担し残りを国役でまかなう。私領から申し出た場合は、私領が高一〇〇石につき一〇両を負担したうえで、残りの一〇分の一を幕府が負担し、その残りを国役でまかなう、とした。

広域にわたる治水事業を、幕府領・私領を問わず村々から高割りの国役として徴収する制度は、木曽川・長良川・揖斐《いび》川や淀川などで江戸時代前期から行われていた。享保の「国役

国	河　川	国役全国割高
武蔵 下総	利根川・荒川・烏川・神流川 小貝川・鬼怒川・江戸川	3,000～3,500両は武蔵・下総・上野・常陸4か国，3,500両以上は安房・上総2国を加える
下野	稲荷川・竹鼻川・大谷川・渡良瀬川	2,000～2,500両は下野1国，2,500両以上は陸奥を加える
駿河 遠江 信濃	富士川・安倍川 大井川・天竜川 千曲川・犀川	5,000～5,500両は駿河・遠江・信濃・甲斐郡内領・相模5か国，5,500両以上は伊豆・伊勢を加える
越後	関川・保倉川・信濃川・魚野川・阿賀野川・飯田川	2,000～2,500両は越後1国，2,500両以上は出羽を加える
美濃	木曽川・長良川・郡上川	2,000～4,000両は美濃1国，4,000～4,500両は遠江を加える，4,500両以上は越前を加える
相模	酒匂川	金高不定，駿河・遠江・三河3か国
山城 河内 摂津	桂川・木津川・宇治川 淀川 神崎川・中津川	5,500両は山城・大和・摂津・河内4か国
河内	石川・大和川	1,500両は河内・大和・和泉3か国

表5　国役普請指定河川一覧表
出所：岐阜県〔1972〕.

普請」制度は、それを受け継いだとも言える。しかし、それ以上に宝永の諸国高役金の理念を継承したものであった。村田《むらた》路人《みちひと》の研究によれば、淀川などの広域普請はこれを機に現物徴発原則から費用負担金の均一な徴収に切り替えられた。賦課範囲も一か国や二か国単位ではなく五畿内に広げられ、集められた国役金が全体として一括運用されるようになる。従来は免除されていた公家領・門跡領・寺社領・除地などにも賦課されることになった〔村田 1995〕。より普遍的で公共性の高い理念にもとづく制度として再構築されたのだ。

享保6（1721）	1月8日呉服町1丁目より出火，89町焼く大火．27日麻布善福寺門前より出火．2月7日四谷中店前より出火．9日麴町より出火，芝浦まで焼く．3月3日神田三河町出火，寺大分焼く．4日神楽坂辺出火，駒込まで焼く．12月10日神田永富町より出火，鉄砲洲まで焼き貫く．
享保7（1722）	1月21日小石川餌差町より出火，麴町辺焼き貫く．2月5日麴町1丁目辺より出火．12月6日神田新白銀町より出火．
享保8（1723）	2月16日赤坂伝馬町より出火，大名屋敷36類焼．3月7日聖天町出火．4月22日小松町2・3丁目焼失．10月24日愛宕下辺より出火．12月5日牛込天神町より出火，大名屋敷大分焼く．
享保9（1724）	1月30日加賀町より出火，芝口見附全焼．2月7日牛込揚場町より出火．15日新寺町辺より出火，寺々多く焼く．16日浅草砂利場より出火，船宿残らず焼く．閏4月5日茗荷谷辺失火．6日四谷辺失火．
享保10（1725）	2月14日青山久保町失火，屋敷方五，六千軒焼く．19日下谷池ノ端辺より出火．4月3日本所三ツ目に火災．11月14日麻布今井谷失火，巣鴨に至る．
享保11（1726）	4月11日芝金杉新網町より出火．同日牛込より出火，9町ほど焼失．
享保12（1727）	1月30日本所梅堀馬場町より出火．閏1月2日浅草門前より出火．2月3日麴町一町四方焼失．12月10日表二番町出火，赤坂へ焼け貫く．
享保13（1728）	2月14日青山より出火．16日猿楽町辺より出火．3月13日金物町辺より出火．
享保14（1729）	2月13日浅草門外茅町より出火．15日浅草聖天町より出火．16日深川高橋辺出火，牛込番町よりも出火．17日本所みどり町出火．18日浅草田町より出火．3月13日麻布百姓町より出火．22日八丁堀亀島町より出火，同心町残らず焼く．4月29日茅場町出火．
享保15（1730）	1月6日麴町紀州屋敷出火．12日下谷池ノ端七軒町より出火，本郷へ飛び火．2月13日小石川下餌差町出火．21日本郷駒込武家長屋より出火．
享保16（1731）	3月17日芝新堀端より出火．4月15日目白台より出火，死人千人余という．同日御台所よりも出火．16日桜田門内出火．

表6　江戸の火事（正徳元年〔1711〕～享保16年〔1731〕）
出所：池田〔2004〕より作成．

年　代	日付と記述内容
正徳元 (1711)	1月4日芝土器町より出火，頗る大火．19日新和泉町より出火，霊巌島まで焼く．12月11日江戸大火，神田連雀町より，日本橋焼失．22日不忍池辺より出火．27日麹町火．
正徳2 (1712)	1月19日赤坂天徳院より出火，頗る大火．26日芝浦辺火．2月8日浅草花川戸より出火，深川まで焼く．23日堀江町より出火，霊巌島まで焼く．24日神田四軒町より出火．4月24日木挽町より出火，頗る大火．10月30日駿河台火．12月1日下谷広小路より出火，柳原土手まで焼く．5日増上寺門前神明町出火．
正徳3 (1713)	3月16日下谷火．12月21日護国寺音羽町出火．22日下谷出火，本所へ飛び火，町数250町ほど焼く．
正徳4 (1714)	1月11日牛込馬場先より出火．11月25日本所石原弁天前より出火．
正徳5 (1715)	1月5日亀井町より出火，浜町に至る．3月26日田所町なべ稲荷辺より出火．11月23日下谷藤堂家中屋敷より出火．12月30日大名小路本多家屋敷失火，町数84町焼く．
享保元 (1716)	1月10日小石川・四谷火事，内藤新宿残らず焼く．11日下谷無明坂辺より出火．12日本郷2丁目より出火．15日千住宿大火．17日築地・飯田町残らず焼く．～2月初旬江戸表70件火災あり，諸物価高騰．2月14日日本橋平松町出火．22日鍛冶橋門外町屋より出火．10月19日下谷長者町辺出火．12月16日橘町より出火．25日駿河台代官町筋より出火．
享保2 (1717)	1月7日京橋南5丁目より出火．13日中橋桶町通より出火，日本橋通町も出火．22日駒込より出火，200町余焼く，焼死117人．10月5日中橋槙町より出火．11月15日本所回向院辺より出火．12月12日神田横大工町より出火．27日四谷辺より出火，翌日まで大火．
享保3 (1718)	4月20日小伝馬町2丁目より出火．26日南大工町2丁目より出火．5月1日京橋辺より出火，新橋見附まで焼く．6月18日芝浜松町より出火．10月3日南槙町より出火，10町ほど焼く．11月26日新右衛門町より出火，30町ほど焼く．12月3日築地飯田町より出火，田端まで焼く．11日上野屏風坂より出火，大火．25日芝口辺より出火．
享保4 (1719)	2月13日芝三田3丁目より出火，品川残らず焼く．14日下谷池ノ端より出火，大名屋敷大分焼く．3月10日下谷七軒町より出火，大名屋敷大分焼く．6月16日神田三河町より出火．12月29日浅草宝塔寺より出火．
享保5 (1720)	1月16日神田鍛冶町辺より出火．2月20日青山百人町より出火．3月27日中橋辺より出火，箕輪まで焼け貫く．7月19日南鞘町より出火，三十間堀まで焼く．10月22日石町1丁目60軒ほど焼く．

大名から一万石につき一〇〇石の割合で献上させる「上米《あげまい》の制」が実施されていた享保七年から一六年までの間はすべての御手伝普請が停止されていたから、「国役普請」制度はその替わりでもあった。「公儀」の公共機能を、大名に代わって民間に負わせようとするものだと言うこともできるだろう。

「国役普請」制度による治水事業は、享保一七年までに七例が知られる。しかし、同年に起こった享保の飢饉のために、この制度は畿内を除いて事実上中止に追い込まれてしまう。

江戸の火事と消防

綱吉が襲職した直後の天和年間に江戸で放火が頻発したことは、先に触れた。正徳から享保期にかけても、【表6】にあげたように、江戸で火事が頻発している。その数の多さには目を見張る。なかでも、享保元年（一七一六）は一月から二月初旬にかけて七〇件の火災があり、諸物価が高騰した。翌享保二年も一月と二月に大火があり、幕府は町々に放火犯の取締りを命じた。

この年町奉行に抜擢《ばってき》された大岡忠相《おおおかただすけ》は抜本的な防火対策に乗り出す。享保四年には消火のための七か条の「申渡《もうしわたし》」を行うとともに、享保五年には町々に「いろは」四七組の町火消《まちびけし》を組織させ、本所・深川には別に一六組を組織させた。それまで江戸の火消しは大名への課役が中心であったのに対して、町方が自主的に消火をする体制を整えたのだ。

しかし、それでも火事はやまない。享保六年は二月・三月に四度の大火があり、『月堂見聞集』によれば、あわせて武家屋敷七三五七軒、町屋一三万三七二〇軒、寺社一一二七軒が焼失、死者は二一〇七人にのぼったという。

	享保8	享保9	享保10	計
無宿	19	3	3	25
野非人	6			6
非人小屋居候	41	15		56
非人	1		2	3
六尺	1			1
召仕	2	1	1	4
借家居候	3		1	4
借家人倅	1			1
町人（家持？）	1			1
不明	1			1
計	76	19	7	102

表7　享保8～10年（1723～25）の「火賊」処罰者の内訳（人）
出所：東京市〔1934〕より作成.

享保八年から一〇年にかけても放火が頻発。【表7】に示したように、三年間で一〇二人の「火賊」（放火犯）が捕らえられ、「火罪」（火あぶりの刑）に処せられている。内訳を見てみると、大部分が「無宿」（「野非人」）や「非人小屋居候」という、村から町に流入してきて下層社会に滞留する人びとであった。幕府は、「非人」身分の者を使って下層社会への介入をますます強めることになる。また大岡は、土蔵作り・塗籠《ぬりご》め・瓦屋根などの耐火建築を進めたり、強制移転や明地《あきち》の確保などにも努めている。

疫病流行

疫病が流行する要因にはさまざまなことが考えられる。自然条件や飢饉などが原因である場合もあるが、都市への人口集中とそれにともなう衛生環境の悪化が流行を広げる場合もあるだろう。もちろん、医療の発達や普及の程度は、疫病の流行に直接に関係する。こうしたことを考えると、江戸という時代は疫病が流行しやすい状況であったと言うことができる。【表8】はその主な流行を書き上げたものだ。多いのは、麻疹《ましん》・疱瘡《ほうそう》・痢《り》病（赤痢《せきり》・疫痢《えきり》）・風邪《かぜ》（流感）などで、これらは、免疫の関係があるのだろう、周期的に流行する。表によれば、おおよそ四年に一度の割で何らかの疫病が流行したことになる。

この表によれば享保期はほかの時期よりも疫病流行が目に付く。

まず、享保二年（一七一七）から六年にかけて諸国で麻疹が流行した。ついで享保八年から一〇年にかけては、東海道筋から始まった疫痢が諸国で流行。享保一五年には再び麻疹が流行し、『月堂見聞集』は「老若死去甚だし」と記している。享保一七年、備中・備後《びんご》あたりから狂犬病が広がり始め、元文《げんぶん》元年（一七三六）まで各地で大流行した。「生類憐れみの令」が撤回されて以降、都市部で野犬が野放しになっていた。このころから、岡山藩では城下で定期的に野犬狩りをするようになる。

享保一八年には「カナッチ風邪」が流行する。インフルエンザ（流感）の一種と思われ、

年代	事項
慶長15(1610)	疫病
元和2(1616)	（江戸）麻疹
元和8(1622)	疫病
寛永7(1630)〜同10(1633)	皮癬瘡
寛永17(1640)〜同20(1643)	疫病
寛永19(1642)	牛疫
正保元(1644)	（江戸）麻疹
寛文12(1672)	牛疫
天和2(1682)	（畿内・中国）疫病
元禄4(1691)	（江戸）麻疹
元禄9(1696)	（畿内）疫病
元禄15(1702)	疱瘡
宝永5(1708)	麻疹
正徳4(1714)	風邪
正徳6(1716)	（畿内）疫病
享保9(1724)	（畿内）疫病
享保10(1725)	痢病
享保13(1728)	疱瘡
享保14(1729)	疫病
享保15(1730)	麻疹・風邪
享保17(1732)	狂犬病・（中国）疫病
享保18(1733)	風邪（カナツチ風邪）
享保19(1734)	疫病
享保20(1735)	疱瘡・狂犬病
元文元(1736)	狂犬病
元文5(1740)	疱瘡
寛保2(1742)	風邪
延享元(1744)	疱瘡・風邪
延享3(1746)	カナツチ風邪
延享4(1747)	カナツチ風邪
宝暦3(1753)	麻疹
宝暦9(1769)	疫病・風邪
安永2(1773)	疫病
安永5(1776)	麻疹
安永9(1780)	麻疹
天明元(1781)	風邪
天明4(1784)	疫病
寛政7(1795)	（江戸）風邪
寛政11(1799)	（江戸）疱瘡・麻疹・頓病
享和元(1801)	（江戸）風邪
享和2(1802)	お七風邪
享和3(1803)	麻疹
文化13(1816)	疫病
文政2(1819)	痢病
文政4(1821)	（江戸）風邪
文政7(1824)	疱瘡・風邪・麻疹
文政10(1827)	（江戸）風邪
天保3(1832)	（江戸）風邪
天保5(1834)	（東北）疫病←飢饉
天保7(1836)	麻疹
天保8(1837)	疱瘡
嘉永4(1851)	（江戸）風邪
安政元(1854)	（江戸）風邪
安政4(1857)	（江戸）風邪
安政5(1858)	（江戸）コレラ・風邪
安政6(1859)	コレラ・風邪
万延元(1860)	（江戸）風邪
文久元(1861)	（江戸）疱瘡
文久2(1862)	（江戸）麻疹
慶応3(1867)	（江戸）風邪

表8　江戸時代の主な疫病流行
出所：小鹿島〔1893〕などより作成.

高熱を発して金槌で頭を叩《たた》かれたような頭痛がするのだろうか。大坂では三〇万七四一五人がわずらったという。各地で、藁《わら》で疫神の人形を作り、鉦《かね》や太鼓を叩き、念仏を唱えて、「虫送り」のように村送りした。この「カナッチ風邪」は延享《えんきょう》三年・四年（一七四六・四七）にも大流行している。

こうした状況のなかで将軍吉宗は、医療事業に積極的に取り組む〔笠谷 1995〕。

その一つは、幕府医官に医術精勤を奨励したこと。これにより、数原通玄《すはらつうげん》や望月三英《もちづきさんえい》などの優れた医者が出た。また、祖父の代から名医として知られた大坂の古林見宜《ふるばやしけんぎ》を江戸に招いて、医書講義や民間への治療などを行わせた。

二つは、医者の学習のために『普救類方《ふきゅうるいほう》』や『東医宝鑑《とういほうかん》』などの医書を刊行し、普及を図った。

三つは、小川笙船《おがわしょうせん》の目安を採り上げて、小石川薬園に施薬院と養生所を開いたこと。養生所では極貧や独身の病者の入院治療も行われ、ささやかながら公的医療機関として明治まで存続した。

四つは、和薬（日本産の薬種）の生産と普及を図ったこと。この点では、まず初めに丹羽《にわ》正伯《しょうはく》や野呂元丈《のろげんじょう》らを採薬使として全国に派遣し、自生の薬種の採集を行わせた。ついで小石川薬園を拡張して和薬の生産に取り組ませ、さらに和薬改会所を設けて普及を図った。また、朝鮮種人参（輸入した朝鮮人参をもとに国産した人参）の栽培と普及にも努めた。
吉宗のこうした施策は、「御仁慈の御政《まつりごと》」と評価される（『徳川実紀』）。人びとの窮状からすれば実際的な効果は乏しかったが、医学・医療に対する関心を高め、「世間」に「仁」の意識を広める役割は果たした。

享保の飢饉

享保一〇年代は寒冷な気候が続き、大雨や洪水も少なくなかった。享保一七年（一七三二）は五月から霖雨（長雨）が続き、閏五月には九州地方で洪水となった。その後は一転して旱魃になるが、気温は上がらなかった。六月の初めころから九州地方で虫（ウンカと見られる）の被害が目立ち始める。虫害による享保の飢饉が始まった。七月なかばころには、九州や四国西部でほとんどの稲が枯れ死する。このころから疫病に倒れる牛馬が多くなり、狂犬病も流行した。

【表9】は各藩での享保飢饉の被害状況をまとめたものだが、「平年比」の欄にはこの年の年貢収納状況を示している。それを見ると、九州では筑後《ちくご》・肥前・豊前《ぶぜん》で一〇パーセントに満たない藩があり、平戸新田《しんでん》藩と対馬《つしま》藩は皆無であった。四国では伊予が深刻であった。松山藩・松山新田藩は皆無、小松藩・宇和島藩も平年の一〇パーセントほどにとどまった。ま

国	藩	平年比（%）	飢人数（人）	餓死人数（人）	拝借金（千両）	廻米石高（石）
肥前	佐賀	9.0	110,000	12	20	36,496
	島原	20.5	45,154		5	3,150.132
	大村	5.2	12,120		3	1,171.2
	唐津	1.1	50,207		7	7,784
	平戸	19.2	66,727	123	5	8,561.8
	平戸新田	0			2	
	福江	30.9	5,688	352	2	630.075
対馬	府中	0	8,306		2	660
肥後	熊本	15.1	45,636	8	20	3,699.94
	人吉	25.1			3	
豊前	小倉	30.5	39,700	1,013	12	8,583.7
	小倉新田	7.7	2,630	87	2	859.984
	中津	26.5	38,110	780	10	8,226.205
豊後	杵築	31.2	10,000		3	1,683.186
	日出	22.5	17,000		3	1,202.452
	府内	30.1	11,440		3	1,402.778
	森	10.1	9,349		2	801.855
	岡	31.6	33,670		7	5,016.432
	臼杵	29.4	21,701		5	2,404.265
	佐伯	14.3	16,600		3	1,522.08
日向	延岡	38.5	17,666		7	4,640
	高鍋	33.1			3	

た、餓死者は一万二一七二人、飢人は一八四万二七八三人になる。しかし、このうち餓死者数はかなり低く見積もられていると考えられ、大田南畝《おおたなんぽ》が『一話一言』にあげた数字からすると、三〇万〜四〇万人は下らないと思われる。

幕府領でも九州地方の被害が大きかった。豊前・豊後・日向・筑前《ちくぜん》を管轄する日田《ひた》代官所では、八月から夫食米の貸与を始めたが、一〇月以降にも大坂御蔵の痛米《いたみまい》（質の落ちた米）や買米《かいまい》（買い上げ米）など、あわせて三万二〇九〇

国	藩	平年比（%）	飢人数（人）	餓死人数（人）	拝借金（千両）	廻米石高（石）
紀伊	和歌山	45.2			20	7,000
和泉	岸和田	49.2			5	
出雲	松江	30.9	100,000		12	15,579
	広瀬	26.3	9,000		3	1,200
	母里	18.6			2	
石見	浜田	34.8	9,300		5	2,500
	津和野	15.2	12,500		4	2,500
安芸	広島	37.9	256,539	976	20	12,330
長門	萩	24.6	202,170		20	16,537.926
伊予	西条	49.7	22,678		3	3,637.4
	小松	9.7	5,411		2	800
	今治	16.4	26,553	113	3	5,895.722
	松山	0	94,783	5,705	12	21,488
	松山新田	0			2	
	大洲	34.9	43,000		5	9,574.7
	宇和島	10.4	56,980		10	1,516
	吉田	25.4	24,600		3	1,137
土佐	高知	49.4			15	
筑前	福岡	23.2	95,000	1,000	20	23,625.598
	秋月	23.9	11,210		5	1,576.177
筑後	久留米	4.5	118,565	207	15	17,120.102
	柳川	5.6	63,000	878	10	8,731.551
	三池	7.1	5,885		2	1,542.951

表9　享保の飢饉における私領の被害と幕府による救済
出所：菊池〔1997〕，池内〔1989〕より作成.

石を廻送した。中国・四国および畿内の代官所に対しても、同じように夫食米貸与が行われた。その総量は、米一一万七八八石、銀一二四九貫一六〇匁、貸与人数は四三万二七〇四人に及んだ。

幕府は、大名・旗本など私領に対しても救済の手を差し延べた〔池内 1989〕。一つは、年貢収入が半分以下に減少した領主に対して拝借金を貸与した。その総額は金三三万九一四〇両、対象は大名四五、旗本二四、寺社一、計七〇件にのぼった。返済は二年後から五か年賦、無利息であった。

もう一つは、食料の不足する地域へ大坂から廻米が行われた。先の拝借金が私領主への直接的な救済措置であったのに対して、廻米は一般庶民に対する販売を目的としたものであった。廻送は各地からの希望に応じて行われ、総量で二六万二三二五石になった。いずれも【表9】に各藩の状況を示している。

こうした幕府の救済措置によって、私領主の存立と領民の生命とがなんとか保障された。

上方の施行と江戸の打ちこわし

九州・中国・四国地方に比べて、畿内の被害はやや軽かった。それでも、平均した収納率は平年の六割ほどであった。しかも、飢饉の影響で西国から大坂への登米《のぼせまい》が大幅に減少し、逆に大坂から西国への廻米が行われた。このためとくに都市部で米不足が深刻化した。

大坂から西国への廻米が本格化した享保一七年（一七三二）一二月、幕府は畿内と西日本の幕府領に対して「飢人救合《すくいあい》」の高札を建てるよう指示し、食料を融通し合って餓死者が出ないよう命じた。救恤の実際は北原糸子《きたはらいとこ》の研究に詳しい〔北原 1995〕。

大坂では翌年一月一九日に合力を奨励する町触が出され、以後施行への合力が広がった。大坂での特徴の一つは、施行に参加した町人の数が非常に多いことだ。その数は一万一七七七人にのぼる。小口の供出者も少なくない。一町としてまとめて醵出《きょしゅつ》する町も三八三か町あった。いわば、惣町ぐるみの施行であった。

もう一つは、特別に高額の者が目立つこと。一〇〇両以上の者が六人いるが、なかでも二一五三両を醵出した大和屋三郎左衛門が群を抜いている。大和屋は買米御用商人のトップにいる商人で、これまでも幕府の買米政策に関わることで大きな利益を上げてきていた。そのため今回は「世間」の批判を恐れて、わざわざ目立つよう施行を行ったのだと噂された。

京都では四四〇〇人ほどが合力した。金額も三井三郎助《みついさぶろうすけ》など三人が二〇両以上で目立つくらいだ。高額の者は多くない。京都での特徴は、寺院での施行が多いことだ。たとえば、黒《くろ》谷真如堂《たにしんにょどう》では銭三〇貫目が施行されたが、この全額は三井の出資によるものであった。真如堂は三井家の菩提寺《ぼだいじ》だ。他の寺院の施行も、その原資となる米銭は有志者の寄進によるもの

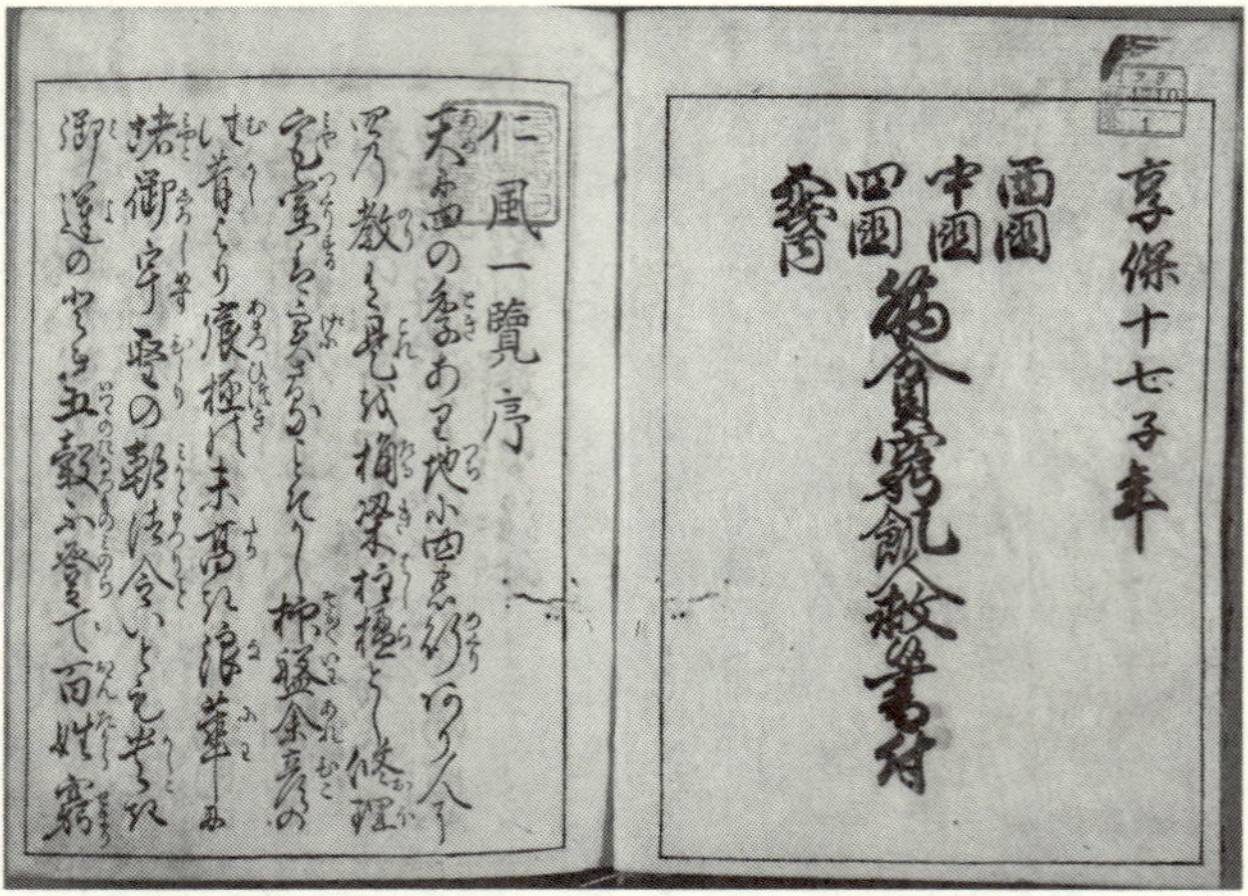

写真７　『仁風一覧』上巻冒頭
所蔵・写真提供：早稲田大学図書館.

だったろう。

さらに幕府は東国に対しても西国への廻米を命じた。そのため、江戸の米価が急騰し、下層民の間に食料不足が広がった。享保一八年一月二五日、米の買い占めを行っていた高間《たかま》伝兵衛《でんべえ》が打ちこわされた。「米騒動」の本格的な始まりである。

それでも麦の収納が始まる五月ころからは、飢人も少なくなる。一一月、幕府は施行者の褒賞を行った。内訳は、京都三七三町・銀三〇〇枚、大坂五二七町・銀二〇〇枚など、全国におよんだ。「この後もかからんときは、いよいよ心いれ賑救《しんきゅう》すべし」という褒詞《ほうし》（褒賞の文言）は、「公儀」の民間への期待を示すものだ。

享保二〇年五月には大坂書物問屋仲間が

『仁風一覧《じんぷう》』を刊行する【写真7】。そこには、全国の施行者三万七二九〇人の名前と施行額が掲載された。これは、民間からの期待の表明でもあったが、こうした書物の出版自体が、災害時の施行を当然視する「権利意識」を生み出すことになったと、北原糸子は評価している。

「世直り」と「みろくの世」

享保一八年（一七三三）七月一三日、富士講の行者《ぎょうじゃ》である食行身禄《じきぎょうみろく》が富士山七合五杓《しゃく》の厨子《ずし》の中で入定《にゅうじょう》（聖人が死去すること）した。富士講は、富士山を霊山とする山岳信仰で、江戸時代の初めから関東を中心に盛んになっていた。

食行は享保一五年に登山したとき八年後に入定すると決めていたのだが、同年一月に起きた江戸の打ちこわしに衝撃を受け、予定を早めて入定を決行したのであった。元禄一六年（一七〇三）の大地震、宝永四年（一七〇七）の富士山の噴火以来、さまざまな災害が絶えることがないのは、政治が間違っているからだ。これを「ふりかえ」て「みろくの世」を実現するために、「みろくの御世の御役人」として食行が入定するのだという。打ちこわしを機に、食行のこころのなかで「世直り」願望が切迫したものとなった。

宮田登《みやたのぼる》によれば、仏教の弥勒《みろく》信仰と日本古来の救済信仰とが習合して、さまざまな「みろく」信仰が列島各地に広まったという〔宮田1975〕。仏教の弥勒信仰には、弥勒が人びとを救済するため現世に下生《げしょう》するという考えがあり、それが「みろく」の出現によって「世直り」が実現するという民俗信仰になった。食行の富士信仰もそのバリエーションの一つと言ってよいだろう。

西垣晴次《にしがきせいじ》によれば、伊勢踊や御蔭参りにも「みろく」信仰は習合しているという〔西垣1973〕。その例として、「菊の花かざして踊れや氏子ども、あとよりみろくのつづきたるぞ、イザヤ神楽《かぐら》を参らする」という伊予地方の伊勢踊の歌謡をあげている。

伊勢踊も御蔭参りも江戸時代初期からたびたび流行しているが、宝永二年（一七〇五）の御蔭参りはとりわけ大規模になった。京都から始まった参詣はあっという間に全国に広がり、五〇日間で三六〇万人を数えたという。御蔭参りはほとんどが無届けの抜け参りであった。緊張する日常からの解放を求めて、異常な熱狂が列島を駆け抜けた。それも「世直り」願望の噴出の一つであったに違いない。

コラム2　地域・村・家の記憶

二〇一一年の東日本大震災以降、日本列島周辺のプレート境界を震源とする地震津波への警戒が改めて説かれるようになっている。なかでも、紀伊半島から四国沖に広がるいわゆる南海トラフを震源とする南海地震が注目され、その対策が各地で進められている。

『谷陵記』

防災対策の前提として被害想定が行われる。その基礎となるのが過去の災害の経験だ。南海地震の場合、宝永四年（一七〇七）の宝永地震津波の被害が参照される場合が多い。最も大きな被害が予想される高知県では、被害想定の参考に『谷陵記《こくりょうき》』という記録が使われる〔内閣府2014〕。

『谷陵記』を著したのは土佐高知藩士の奥宮正明《おくのみやまさあき》だ。奥宮は慶安元年（一六四八）生まれ、享保一一年（一七二六）に七九歳で亡くなっている。通称は藤九郎。藩士として検《け》見役《み》や代官などを務め、藩の儒者谷秦山《たにじんざん》に師事した。歴史考証にすぐれ、編年体の史料集である『土佐国蠹簡集《とかん》』や「長宗我部《ちょうそかべ》地検帳」を整理した『秦士録《じんしろく》』などを著している。

宝永四年の地震津波のときには六〇歳。代官などを務めた経験を生かして領内を跋《ばっ》渉《しょう》し、見聞したところをまとめて『谷陵記』を著した。

高知藩は江戸時代初期から儒学学習の盛んなところで、その流れは土佐南学《なんがく》派と呼ばれる。なかでも長年奉行職にあって藩政の確立に努めた野中兼山《のなかけんざん》が有名だ。奥宮の師である秦山は兼山に学んでいる。この学派の人びとは兼山に代表されるように、民政に強い関心を持っていた。奥宮もその学風を受け継いでおり、『谷陵記』には民情に対する彼の篤い思いが滲《にじ》んでいる。

『谷陵記』は、藩内の各浦や海辺村の被害状況を網羅的に記す。藩では被災直後から各村の被害状況を把握し、それを集計して幕府に報告した。奥宮は各地の被災状況を「亡所」「半亡所」などと評価しているが、この表現は藩の報告でも使われており、奥宮がそれを参照したことは間違いない。しかし、『谷陵記』では村ごとに耕地や家屋の浸水・流失状況が記されており、記述のほとんどは自ら踏査し見聞したところを記したと考えられる。各地での古老からの聞き取りなども記述されている。広い範囲にわたって個別の被災状況が記録されている点が、『谷陵記』の大きな価値だ。

『谷陵記』の成立は「後序」の日付から宝永四年の一二月と考えられる。地震津波から二か月ほどでこれだけの記録を仕上げたわけであり、奥宮の執念というか、切迫した思いが強く感じられる。

奥宮は今回の被害とともに過去の伝承についても聞き取りを行った。同じような事例としてまずあげられるのは慶長九年（一六〇四）の津波だ。ただし、宝永四年当時に民間では慶長九年の経験が想起されることは極めて稀《まれ》であった。すでに一〇〇年以上がたっている。歴史考証に詳しい奥宮は、「崎浜談義所ノ住僧権大僧都《ごんのだいそうず》阿闍梨暁印ガ記録ノ略」を引用して、その様子を紹介する。「崎浜談義所」というのは、土佐国東部の佐喜浜浦（現室戸市）大日寺《だいにちじ》のことだ。本書でも慶長南海地震の箇所で先に『阿闍梨暁印置文』として触れている。

奥宮はそれを踏まえて、あたりの村々で慶長九年の津波の伝承について尋ねた。そして、元村《もと》（現室戸市）において「慶長九年潮ヨリ六尺卑《ひく》シト云《いう》」という伝承を得ている。「六尺」は約一・八メートルである。他方、土佐国の西方の郡では「幡多《はた》郡佐賀《さが》ヘハ此時ノ潮《しお》家迄《まで》入ル」という言い伝えが確かめられたのみで、「此外ノ浦々云伝《いいつたえ》ナシ」と記している。宝永津波では西方に被害が大きかったのに対して、慶長期には東方が大きかった。この記載は、慶長九年の地震津波の性格を考えるうえでの貴重な情報として、現代の地震学者によっても注目されている〔内閣府 2014〕。

次いで奥宮は、天武《てんむ》一三年（六八四）の地震津波に触れ、「当国ノ田苑《たはたけ》五十余万頃《しろ》海底ニ没シヌ」という『日本書紀』の記事を引く。奥宮はこのことも現地で尋ねたようだ。そして、「東寺《ひがしでら》ノ崎ヨリ足摺《あしずり》ノ崎迄ノ海湾ハ往昔ノ田畠ニシテ白鳳《はくほう》以来ノ海也」という「国俗」の言い伝えを聞いたけれども、これについては「未《いま》ダ其ノ実否ヲ詳《つまびら》カニセズ」と慎重な表現にとどめている。現地で文献と伝承を比較しながら確かめようとする、奥宮の実践学者らしい態度が際立っている。

高知藩は山内氏が土佐国一国を領有していた。それがこうした広域記録を生み出す条件であった。加えて、奥宮正明につながる土佐南学派の伝統も忘れてはならない。それが『谷陵記』という貴重な記録を生み出したのだ。

『歳代覚書』

江戸時代らしい村が成立するのは、地方によって違いはあるものの、およそ一七世紀後半と考えられている。単婚小家族からなる農家が村の多くを占めるようになる。しかし、その経営は不安定であった。三年に一回くらいは、大雨・大風・洪水があり、凶作に見まわれた。災害は繰り返す。未来に備えるためにも、過去の歴史に学ばなければならない。一八世紀になると、村の出来事を記録しようという動きが起こる。村の記憶を掘り起こし、村の年代記が作られる。

愛知県の渥美半島に田原《たばら》藩という小さな藩があった。寛文四年（一六六四）以来譜代の三宅氏が藩主であり、画家で学者でもあった渡辺崋山《わたなべかざん》が家老を務めたことで知られている。その領内に下野田《しものだ》村という村があり、この村の年代記である『歳代覚書《さいだいおぼえがき》』という記録が残っている。年代記は大きな災害を契機に作られることが多い。『歳代覚書』も宝永地震津波を契機に書かれたと思われる〔倉地 2015〕。

『歳代覚書』では被害を冷静に分析しようという意識が際立っている。そのことは「むらゆり」の指摘にうかがえる。同じ地域や村内でも、地震の揺れに強弱のむらがあったというのだ。

まず渥美郡内でみると、「赤沢《あかざわ》村・田原御城内・野田村・赤羽根《あかばね》村は池尻《いけしり》の川筋の村大破に及び申し候。其の外の村には倒れ家これ無く候。この内別して大破は野田村なり」という状況であるという。田原藩の集計でも、野田村の被害が領内の四一パーセントを占めている。

しかも、同じ野田村のなかでも地区によって「むらゆり」があった。「野田村の内ニてもむらゆり有り。保井《ほい》・北海道《きたかいどう》・今方《いまかた》・南方《みなみかた》はせぎ・新家坪《しんやつぼ》・市場《いちば》の内半分、此分強くゆり、家も損じ申し候。此外彦田《ひこだ》・細《ほそ》ほり・雲明《うんみょう》・山本《やまもと》・杉川《すぎかわ》・馬草《まぐさ》等はわずかのゆりに候。夫故《それゆえ》ころび家はこれ無く候」とある。

つづけて『歳代覚書』は野田村内の枝村《えだむら》ごとの被害状況を書き上げる。それによれば、今方・北海道・保井で全潰・倒壊率が高く、東馬草・西馬草・南方・彦田・雲明で低い。市場はその中間くらいである。

こうした「むらゆり」の原因を藤城信幸《ふじしろのぶゆき》は地盤の違いによると見ている〔藤城 2008〕。今方・北海道・保井は極めて軟弱なシルトや細砂の厚い堆積《たいせき》層の上に立地しているのに対して、馬草地区や南方・市場の一部では砂礫《されき》が厚く堆積しているからだというのだ。シルトというのは、砂と粘土の中間の細かさを持つ土で、沈泥《ちんでい》とか砂泥《さでい》とか呼ばれる。

こうしたことは、当時の人も知っていたに違いない。『歳代覚書』は保井の被害について、「権助居宅北の角《かど》より南の角迄、大地ゆり割れ、一番の割れ口横渡し二間《けん》深さ五尺地獄へ大地しずみ申し候。それより段々に幾通りもえみ割れ、藪《やぶ》の中惣《そう》て七尺程しずみ申し候」と記している。いわゆる液状化が起こっているようだ。地形や耕地としての利用状況からして、ある程度の経験知はあったのだろう。

『歳代覚書』には、「とかく地震の強くゆり候筋はこれ有る様に存じ候。此の度大破の所は前々の地震にても破損等出来申し候」とある。こうした「ゆり筋」についての認識が、被害を検討することから経験的にできあがっていく。それが、のちの地震への教訓として受け継がれることになる。

津波については「右大地震のみぎり海辺へ津波上り、浜筋の者は残らず山へ逃げ申し候。高松《たかまつ》などは平常の波打より五丈程高く上り申し候て、ほうべの低き所少し宛《ずつ》打越し申し候由、おそろしき事なり」という記述がある。「浜筋」では津波のときには山へ逃げるということが言い伝えられていたようだ。田原藩の被害届でも流死は「男二人」のみであった。

高松村では平常より「五丈」（約一五メートル）も高く波が上がったとある。このあたりは海食崖《かいしょくがい》が続き、海辺は狭い砂浜でその後ろは崖《がけ》になっている。この崖を「ほうべ」（浜辺）と言い、村はその上に広がっている。その崖の低いところを越えるほどの津波であった。普段には思いもつかないような波の高さであったので、「おそろしき事」と感じたのだ。

『池上了伯一代記』

元禄地震津波が起きたのは夜半過ぎのことであった。このことが宝永地震と違って元禄地震の被害を大きくしただろう。下総国四天木村《してぎ》（現千葉県大網白里市《おおあみしらさと》）で手習師匠をする医者の池上了伯も一瞬のうちに波にさらわれた。五キロメートルほど離れた五井《ごい》村（現長生郡白子町）の十三人塚の杉の木に取り付いているのを見つけられたときには、

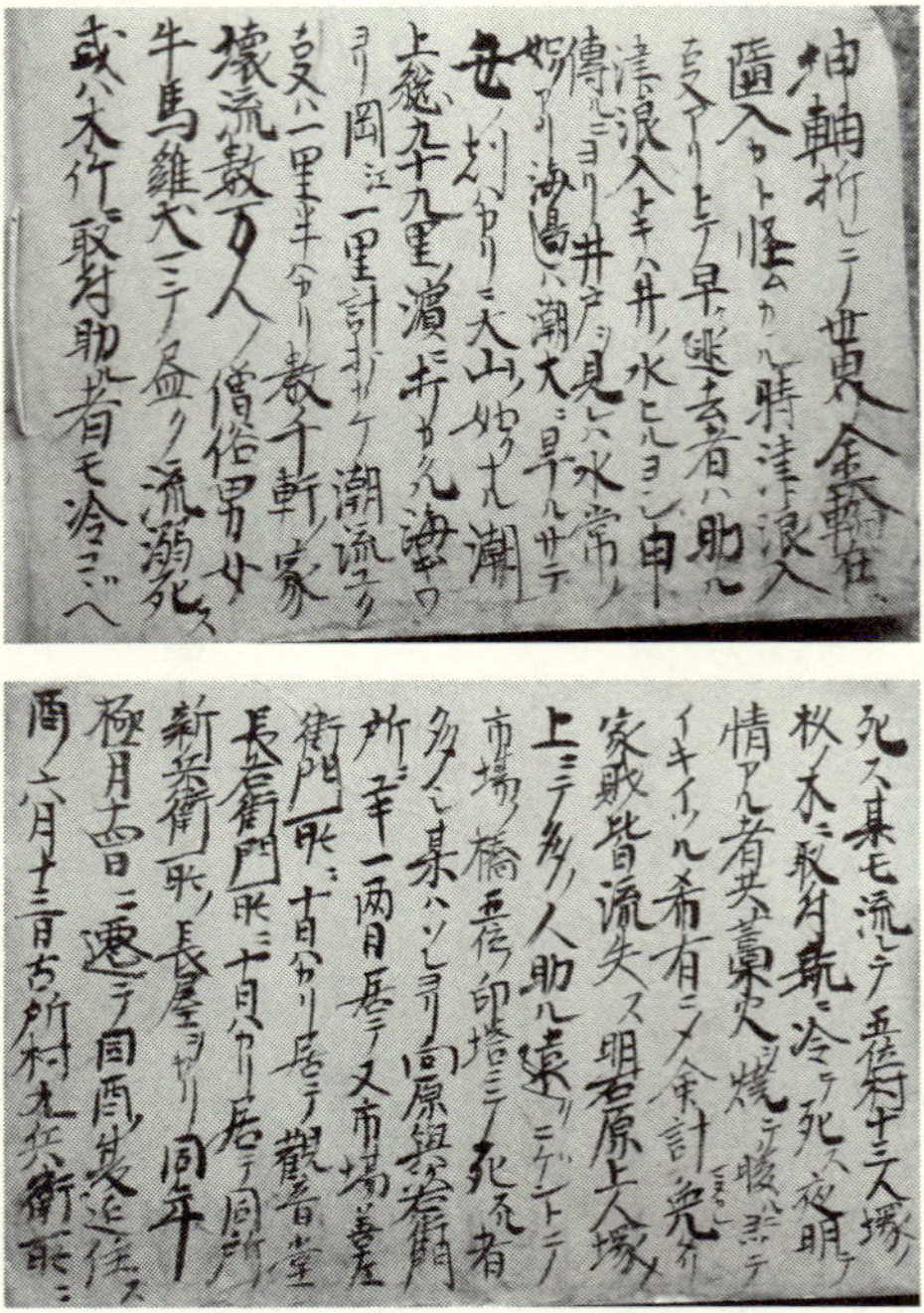

写真８　『池上了伯一代記』より「付リ津波ノ事」
注：見開き１丁分を上下に並べた．
個人蔵．著者撮影．

身体は冷えて半死の状態だった。夜が明けると「情ある者共」が焚《た》き火をたいて暖めてくれたので、息を吹き返した。「希有《けう》にして命ばかり免《まぬ》かれた」が、家も家財もすべて流されてしまった。
　それから翌年の末くらいまでは、一日に三度も五度も揺れることが続いた。はじめの

二、三か月は「津波がまた来るぞ」といって逃げることもたびたびであった。その間は、知り合いの家を転々としていたが、二年ほどして古所《ふるところ》村（現白子町）に草庵を結んでくらすことになった。この年宝永二年（一七〇五）長女が誕生する。

津波に流されて九死に一生を得て生き延び、新しい「いのち」を授かった。これを機に了伯は生まれてからこれまでの自分の人生を振り返って、一代記を著した。表紙には「一代記　付《つけた》リ津波ノ事」とある【写真8】。

横半帳で表紙とも六丁（洋紙の数え方では一二頁分）の短いものだが、万感の思いがこもっている。人生を振り返ることは、自分が体験から得た教訓を後世に伝えることでもあった。「付リ津波ノ事」の最後を了伯は次のように結んだ。

後来の人は、大きな地震が押し返して揺るときには、必ず大津波が来ると心得て、家財を捨て、早く岡に逃げ去るべきだ。近辺であっても高い所は助かる。古所村の印塔の大きな塚の上に逃げて助かった椿台という人もいた。家の上に登った人は、家が潰れても助かった。こうしたことを、よくよく心得ておくべきだ。

了伯はこのあとも「一代記」を書き継いだ。最後の記事は「同午《うま》（享保二〇年〔一七三五〕）ノ霜月朔日女子疱瘡ニ死ス」であった。「いのち」をつなぐのに厳しい状況であったことは間違いない。それでも、災害を生き抜いた江戸時代人の貴重な記録がいまに伝えられた。

第3章

「公共」をめぐるせめぎあい

1　宝暦期の状況

一八世紀の後半にあたる宝暦・天明期（一七五一〜八九）は、徳川社会の分水嶺《ぶんすいれい》と言われる。一八世紀前半に作られた救済システムは、紆余曲折を経ながらも引き続き機能した。他方、「公儀」が果たしていた「公共」機能を地域の領主や民間が実際に担う場面が広がっていく。そうしたなかで、「公儀」と領主、さらには民間との間の「せめぎあい」が目立つようになってくる。

蝦夷大島津波と越後高田大地震

延享二年（一七四五）吉宗が隠居し、子の家重《いえしげ》が将軍となる。家重は病弱であったため、側用人の大岡忠光《ただみつ》に頼ることが多かった。元禄期以来蓄積されてきた「公儀」の官僚機構が作動し、「享保の改革」の基調が引き継がれた。

吉宗期の末期にあたる寛保元年（一七四一）七月一三日蝦夷大島が噴火した。さらに一八日夜に津波が発生、松前地方で一五〇〇人以上が溺死した。津波は津軽地方から佐渡・能登・若狭にもおよんだ。この津波は、地震によるものか、または地滑りによる土砂の海中流入によるのか、よくわかっていない。

その一〇年後の寛延《かんえん》四年（一七五一）四月二六日、越後高田《えちごたかだ》で大地震が発生する。M七・〇～七・四、高田藩で被害が甚大であった。潰家が多く、山崩れも各地で起きた。高田藩の榊原《さかきばら》氏は転封が相次ぎ、借財は三〇万両にものぼっていたという。幕府は復旧のため一万両の拝借金を認めた。また、松代《まつしろ》藩真田《さなだ》氏にも三〇〇〇両を支給している。いずれも無利息一〇年賦であった。

同年六月、隠居していた吉宗が死去。あとを追うかのように大岡忠相も一二月に亡くなった。家重付きの小姓から出仕した田沼意次《たぬまおきつぐ》は、この年側衆《そばしゅう》側用申次《そばようもうしつぎ》に進み、その後将軍周辺で活動の場を広げる。そして、宝暦八年（一七五八）九月、大名に列せられて評定所出座を許される。このころから「田沼時代」が始まる。

宝暦の飢饉

その少し前、宝暦五年（一七五五）という年は、五月ころから全国的に雨が続き、とくに東北地方は気温が上がらず、七月には津軽地方で雪も降った。シベリア地方の寒気が東北からの風となって吹き寄せるのをヤマセという。ヤマセは東北地方に冷害をもたらす。この年は、典型的なヤマセ型の冷害であった。こうした自然の災害に対する対応が各地の藩によって異なった。このことから菊池勇夫は宝暦の飢饉は「人災」だったとみている〔菊池 1997〕。凶作はどこでも起こったが、それに的確に対処したかどうかで、被害に差が出たというのだ。

弘前藩では、冷夏の気配が広がるなかで、元禄八年（一六九五）の「乙亥《きのとい》の飢饉」の再来が危惧《きぐ》された。飢饉は周期的に来るという言い伝えがあり、宝暦五年が同じ「乙亥」であったために、必ず飢饉になるという風聞であった。また、寛延二年（一七四九）の飢饉のときには貯穀が乏しく、他領に流浪する者が多く出た。その経験にかんがみて、今回は津留《つどめ》をして領内に食料を確保した。そのため餓死者はほとんど出なかった。

それに対して盛岡藩や八戸《はちのへ》藩では凶作の兆しが見えているにもかかわらず、江戸への廻米を強行した。厳しい財政状況から現金収入を確保しなければならなかったのだ。一〇月ころから飢人が増え始め、城下の寺院で粥施行が始められるが、焼け石に水であった。盛岡藩領の餓死者は五万人、八戸藩は三〇〇〇人を超えた。

仙台藩では、享保の飢饉のときに江戸に廻米して大きな利益をあげたことがあった。このため、領内の米を買い集めて江戸に売ることが毎年行われたが、その後は米価安に推移したために、藩財政は再び悪化した。この年は江戸の米価が上昇傾向であったので、江戸への廻米を強化した。そのため、やはり領内は食料不足となった。領主財政を優先させるのか領民の生命を保障するのか、政治の質が問われたと言ってもよいだろう。

困窮した藩では幕府に拝借金を願い出るものもあった。幕府は、鶴岡《つるおか》藩酒井《さかい》氏（老中）に一万両、出羽《でわ》松山藩酒井氏（若年寄）と出羽新庄《しんじょう》藩戸沢《とざわ》氏に三〇〇〇両ずつを貸与した。このうち戸沢氏は拝借金は許されたものの飢饉の備えを怠ったことを咎《とが》められて、出仕停止の処分を受けた（『徳川実紀』）。自己責任を強いる「見せしめ」と言ってもよい措置であった。財政的に余裕のない幕府も、拝借金支出を抑えたかったのだろう。

盛岡藩の施行は、初めは有志者の合力によって寺院で行われていたが、飢人の増加によって、藩がお救い小屋を寺院に設置して行う直営方式に移行した。しかし、藩営になっても施行の原資は有志者の合力によるものだから、実質は同じことであった。ただし藩営になることで、合力は自発的なものから強制的なものに変わっていき、その分施行の規模は拡大した。

救恤は庶民の生命を守る活動であるとともに、治安維持のためにも必要な事業であった。そのため、救恤には「公儀」も領主も民間富裕者も関わったが、その内部ではさまざまなせめぎあいが目立つようになってきていたのだ。

一関《いちのせき》藩では、貯穀を放出して飢人に施したため、餓死者はほとんど出なかった。それでも他領から流入する飢人が多く、その姿は悲惨なものであった。それを見た建部《たけべ》清庵《せいあん》は『民間備荒録』を著した【写真9】。清庵は一関藩の藩医で、漢方《かんぽう》を専門としたが、新進の医術である蘭方《らんぽう》にも関心が深く、杉田《すぎた》玄白《げんぱく》とも親交があった。

『民間備荒録』

　この書物は、中国の救荒書（学知）と実際の見

写真9　『民間備荒録』乾巻（上巻）
所蔵・写真提供：国立国会図書館（初版）.

聞（民間知）にもとづく日本で最初の本格的な救荒書であった。内容は、貯穀の仕法、救荒作物の栽培、飢饉時の対策、などからなる。清庵はこの書物を、日ごろ農民から受けている「恩」に万分の一でも報いたいと思って著したと書いている。そのため、草木の名前には右に和名を左に方言をふりがなとして付け、庶民でもわかるように努めている。清庵はこの書を藩に上呈した。藩では写本を作って領内の村々に配布した。明和《めいわ》八年（一七七一）には刊本となり、広く全国に流布する。

『民間備荒録』で印象的なことを二つあげておこう。

一つは、清庵が政治の要として「邑長保正《ゆうちょうほせい》」（村役人）の役割に繰り返し触れていることだ。とりわけ災害時における人びとの「いのち」は村の指導者の働きにかかっている。かれらのもとにこそ、正しく豊かな知識が伝えられなければならない。村の指導層への期待は極めて高い。藩もこの認識を共有した。だから写本を作って村々へ配った。

もう一つは、「祈禱《きとう》」という項目が設けられていることだ。人事を尽くした後は「天」を祈れと清庵は言う。学者らしくないと思われるかもしれないが、そうではない。「至誠必通」し「天」の恵みがあると言う。「天」は譴《いまし》めも恵みも与える。「知」も「徳」も「天」のもとに統一されている。それが江戸時代人の心性であった。最後は「天」をたのむことが災害を乗り超える力になると、清庵は信じていた。

「農書」と飢饉

救荒書は、飢饉という非常の事態に対処するための知識を伝えるものだが、日常的な農作業の知識を伝えるための技術書も江戸時代には多数作られた。こうした技術書は「農書」と言われる。農書を民間の人びとが書き始めるのは元禄時代からだ。それは村々で年代記が作られるのと同じ時期であり、江戸時代らしい本百姓の小経営がそれなりに再生産されるようになったことが背景となっていた。

天和年間（一六八一〜八四）に書かれた三河地方の『百姓伝記』、元禄年間（一六八八〜一七〇四）の紀伊地方の『地方《じかた》の聞書《ききがき》』、宝永年間（一七〇四〜一一）の加賀《かが》地方の『耕稼春《こうかしゅん》秋《じゅう》』などが早い時期のもの。農業は自然条件に左右されるから、作者の体験にもとづく農書の内容は、それぞれに個性的だ。

生産条件の厳しい東北地方の農書では、地域の自然に対する注意がより強く説かれる。『耕作噺《こうさくばなし》』は津軽堂野前《どうのまえ》村の中村喜時《なかむらよしとき》が安永《あんえい》五年（一七七六）に著した。この書の特色は冷気の害を受けることの少ない早稲《わせ》を中心とした農業技術を説く点にあるのだが、そのうえでも「その年々の季候《きこう》」をよく「勘弁」するように注意する。さらに喜時は、「天の時の冷気にも負けず、土地の善悪にも負けず、稔《みのり》よき稲を取る事は人の仕方にあり」と言う。凶作飢饉に負けない力は、人の努力以外のなにものでもない。

安永九年（一七八〇）には能代《のしろ》地方の山田十太郎が『菜種作り方取立《とりたて》ヶ《か》条書《じょうがき》』を著す。十太郎は、秋田のような寒冷な国でも生育し利益のあがる作物として、菜種油の原料となる蕪《かぶ》菜《な》と油菜に注目する。そして、自ら数年間栽培して工夫をかさね、その成果をこの書にまとめた。蕪菜や油菜は、農家の家計の足しになるだけではない。救荒作物にもなると十太郎は言う。葉は間引いて野菜となり、漬け菜や干し菜にすれば不意の食料にもなる。根は大根と同じように飢饉のときに命の助けになる。この書の末尾に十太郎は「仙人方《せんにんぽう》、疫癘除《えきれいよけ》御薬、貧家に施也《ほどこし》」と記した。菜こそが寒国秋田の貧しい農民たちを、その困窮や飢饉という流行病から救う妙薬だと言うのだ。ただし、のちにも触れるように商品作物生産への偏重が飢饉時の食料不足をもたらすことにも注意が必要だ。

常日ごろから農業技術の改良に努める。そのさいには、凶作飢饉の備えを忘れない。そうした村の指導者たちが東北地方にも現れる。

囲籾と義倉

非常時に備えて穀物を貯蔵することを「囲籾《かこいもみ》」と言う。この囲籾は各地の藩で、さまざまな名目で江戸時代の前期から行われていた。たとえば岡山藩では、承応三年（一六五四）の大洪水からの復興策として、耕地一反につき二升の麦を貯穀する「畝麦《せむぎ》（育麦）」の制が行われていた。延宝・天和期の洪水・飢饉では、この「畝麦」が救恤に役立った。

幕府の囲籾は救荒備蓄と米価対策を兼ねたもので、宝暦三年（一七五三）と宝暦四年の二年にわたって、御料・私領を問わず、高一万石につき籾一〇〇〇俵を備蓄するよう命じている。籾一〇〇〇俵は、五合摺《ず》り（半分の量に籾を精米する）、一俵五斗入りとして、二五〇石にあたる。この囲籾は、領主の自主努力に任された部分も多かったが、宝暦五年・六年には囲籾の放出が指示されており、飢饉時に一定の役割を果たした（『御触書宝暦集成』）。

次いで宝暦一〇年・一一年には高一万石に麦一〇〇〇俵の囲籾を改めて命じている（『御触書天明集成』）。以後この麦も、詰め替え、売り払い、再び囲い、と幕府の指示が繰り返されるが、そのなかで定着するところもあれば、忘れられるところもあるなど、結果はところによってまちまちであった。

他方、こうした租税に準じるような囲籾とは違って、有志者が自主的に貯穀する義倉《ぎそう》も各地で行われた。享保二年（一七一七）摂津国平野郷町《ひらのごうちょう》で組織された郷学《ごうがく》の含翠堂《がんすいどう》では、会員から三〇両の寄付金を集め、飢饉時に郷民の救済にあてている。

備中国倉敷村《くらしき》でも、明和六年（一七六九）に困窮者の救済を目的とした義倉が組織された。供出者を義衆と呼び当初は七四人、集まった義麦は五二石であった。義麦の供出は一〇年間続けられた。義衆は年一回修義会を開き、日常の義倉の管理は村内の五つの寺院が行った。いずれも救恤事業が学習活動とセットで行われたことに注目すべきだ。

救恤のための貯穀は、領主主導の囲籾と民間主導の義倉とが並行しながら、まがりなりにもその役割を果たしていた。

間引き禁止と赤子養育制度

江戸時代には家族数を制限するために、堕胎や間引きの風習が行われていた。厳しい条件のなかで生活する庶民にとって、それはぎりぎりの選択であった。しかし、領主にとっては年貢収奪の基礎となる「家」や人口の維持に悪影響を与えるものと認識された。

領主が間引き禁止を教諭した早い例は、寛文三年（一六六三）の会津藩保科正之《ほしなまさゆき》によるものである。仙台藩では元禄四年（一六九一）に「赤子押返し《あかごおしかえし》」禁令が出されている。民間で間引きは「押返し」と言われていた。殺すのではなく、あの世に押し返すという意味だろう。領主の法令もこの民間の言葉を使って教諭した。仙台藩では、宝暦飢饉後の宝暦一二年（一七六二）にも同様の法令を出している〔谷田部 1983〕。

幕府が間引き禁止の触書を出すのは明和四年（一七六七）である。産所で出生の子をすぐに殺すのは「不仁の至り」であり、村役人や百姓たちが相互に心を付けて監視するように命じた（『御触書天明集成』）。この触は、幕府領か私領かを問わず全国の村々に触れられた。以後、天明期にかけて全国で間引き禁止の教諭書が作られる〔沢山 1998〕。

美作国津山藩《みまさかのくにつやまはん》では、宝暦六年（一七五六）に間引き禁令が出されたが、天明元年（一七八一）にはより抜本的な対策を進めるために「赤子間引取締方申渡」が出される。この法令では、妊娠した場合は「懐胎届《かいたいとどけ》」を提出させ、出産には隣家の者などを見届人として立ち会わせ、流産や死産などの場合には医者による「容体書《ようたいがき》」を提出させることなどを命じている。

他方、間引きを防止するためには、教諭や監視だけでなく赤子に対する経済的な支援も必要だという意見も強くなる。会津藩では、延享三年（一七四六）に町奉行が藩主の「御仁恵」として産子養育の御手当米支給を提案している。これは実現しなかったが、安永五年（一七七六）には郡奉行が社倉《しゃそう》籾三〇〇〇俵を産子養育米に当てることを提案して実施される。非常時に備えた社倉米が、平時の赤子養育にも利用されることになったのだ。備中倉敷の義麦も捨子《すてご》養育料に当てられている。

福岡藩では元文年間（一七三六～四一）から民間有志が醵金して赤子養育費に当てる取り組みが始まっていたが、宝暦一四年（一七六四）に藩が富裕者から寄付を集めて貧窮者の赤子養育費に当てる制度が始まり、一二七人が募金に応じた。さらに寛政《かんせい》九年（一七九七）からは本格的な産子養育制度が開始される。この仕法では、藩が提供する三〇〇〇俵に郡方から徴収する二〇〇〇俵を加えて元手とし、養育費を必要とする者には一年目は三俵、二、三年目には一俵ずつが支給された〔横田 1996〕。

仙台藩では明和五年（一七六八）ごろから村の備蓄米を利用した赤子養育米の支給が、村々で散発的に行われていた。藩がこれを領内全体にわたる統一的な制度として実施するようになるのは、文化《ぶんか》四年（一八〇七）のことである。

間引き禁止や赤子養育は、救荒対策と一体のものとして進められる。その制度化にも民間の助力が不可欠であった。

美濃三川の宝暦治水

享保の飢饉で「国役普請」が中断されて以降も、洪水の被害が途切れることはなかった。寛保二年（一七四二）八月一日、関東各地で洪水が発生。江戸でも城下が浸水し、溺死者が二〇〇〇人も出たという。幕府は関東川々の御手伝普請を、熊本藩細川・萩《はぎ》藩毛利《もうり》・津藩藤堂・岡山藩池田・福山《ふくやま》藩阿部の各氏に命じた。さらに延享四年（一七四七）には、大井川・天龍川を高知藩山内・福岡藩黒田《くろだ》の両氏に、富士川・安倍川・酒匂川を久留米《くるめ》藩有馬《ありま》氏に、甲州川々を鳥取藩池田・岡藩中川の両氏に、美濃国川々を二本松《にほんまつ》藩丹羽《にわ》氏にそれぞれ命じている。このうち鳥取藩は甲斐国内の釜無《かまなし》川・笛吹《ふえふき》川の修復、および信濃国境までの道橋修理を担当した。藩が負担した費用は総計五万両。そのほとんどは、鴻池《こうのいけ》家など大坂の商人からの借入金でまかなわれている。御手伝普請の費用を負担するために、領内外の豪商から借金するという事情は、どの藩でも同じであった。

さらに宝暦三年（一七五三）八月には美濃地域で大洪水が起きる。幕府はこの機に、かねてから懸案であった木曽川・長良川・揖斐川のいわゆる美濃三川の分流工事を実施することにし、この工事の御手伝を鹿児島藩島津《しまづ》氏に命じた。藩では家老の平田靱負《ひらたゆきえ》を惣奉行に、家士から歩行《かち》・足軽まで総勢九四七人を現地に派遣した。

工事は宝暦四年に始められ、翌年までかかっている。工事内容は二つに分かれていて、洪水で被害を受けた堤などを修復する工事が先に行われた。これは地元の村が請け負うかたちで行われ、周辺の村人たちが人足に雇われた。幕府はこれを「村方助成御救」のためと称しているが、御手伝普請は「公共」事業の分担であるとともに、「公儀」の御救機能の肩代わりでもあったことがわかる。

もう一つは、三川を分流する工事で、美濃地域の洪水の根本原因を取り除こうというものである。その原因というのは、木曽川での土砂の堆積が激しく、河床が上昇したことであった。そのため、三川が合流するあたりで他の川より水かさが高くなり、とりわけ揖斐川の水行を妨げていた。これを解決するために、川の中に導流堤などを設けて三川を分流させようというのである。しかし、これは今までにない難工事であったために、工事費がかさみ、当初予定していた一〇万両をはるかに超えて、総計四〇万両にものぼった。結局鹿児島藩は、その大部分を借金してまかなわなければならず、それが負債となって以後長く藩財政の窮乏が続いた。

足かけ二年の工事期間中に、八八人の犠牲者が出た。内訳は、自殺した者五四人、病死など三四人であった。犠牲者のうち鹿児島藩士は八四人、うち自刃した者は五二人であった。ほかには例を見ない異常な数字だ。工事がすべて終了し幕府から帰国が許された翌日、惣奉行の平田靱負が自刃した。多額の費用を要したことと、多数の犠牲者を出したことの責任を取ったと言われている。多くの鹿児島藩士は、自藩への帰属意識が強く、藩主への忠義心から責任を取ったに違いない。「公儀」の事業を藩が御手伝として行うことの矛盾が、最も深刻なかたちで現れた事件であった。

「国役普請」の再開

宝暦治水普請の異常な事態は、幕府の治水政策に影響を与えたに違いない。宝暦七年・八年(一七五七・五八)も諸国で洪水が起こり、「公儀普請」の要請が相次いだ。宝暦八年一二月、やむなく幕府は翌年より「国役普請」を再開すると触れた。

しかし、幕府の財政難も深刻の度を増していた。そこで幕府は「国役普請」に御手伝普請を組み込むことで、財政負担を軽減しようと図った。こうした方法であれば、単独で御手伝普請を命じる場合の矛盾も緩和できるだろう。この新しい方式は、明和期以降明確に取られるようになる。具体的な進め方は個々の普請で異なるが、笠谷和比古《かさやかずひこ》の研究によれば、おおむね、次のようなかたちをとった〔笠谷 1993〕。

第一に、治水工事全体は幕府の一元的な管理のもとに遂行され、総費用も幕府によって立て替え払いされる。この面では、工事は「公儀普請」として意識される。

第二に、総費用の八割強は助役《すけやく》を命じられた大名が負担する。これが御手伝普請にあたる。第三に、残りの費用の一〇分の九が国役割りされ、村々から徴収される。これが「国役普請」に該当する。第四に、残りの一〇分の一、これは全体の約二パーセントにあたるが、それが幕府の負担となった。

まさに「公儀」の御普請のうちに御手伝普請と「国役普請」とが縒《よ》り込まれることになったのだ。これによって、享保の「国役普請」制度よりも幕府の負担は大幅に軽減される。災害が頻発するなかで、幕府の財政負担を軽減しつつ「公儀」の機能を維持するための工夫であった。しかも運用にあたっては、享保の制度では除外されていた二〇万石以上の国持大名にも、普請の申請が許可された。建前上は、列島の全国土に「公儀」の治水機能が及ぶことになったのだ。

【表10】に元文以降の河川御手伝普請をあげた。このうち明和三年以降が「国役普請」再開後のものである。全国で治水工事が急増することがわかる。しかし、この方式では当座の費用は幕府が立て替えなければならないから、御手伝をする大名や国役を負担する村方の疲弊が進むと、立替金の回収が滞るようになる。結局文政《ぶんせい》七年（一八二四）に万石以上の大名による願い出が禁止されることで、この制度は事実上停止状態となる。しかし、その後も立替

年　代	対象河川	担当大名
元文元（1736）	大井川	蜂須賀・南部
寛保２（1742）	関東川々	細川・毛利・藤堂・岡山池田・福山阿部
延享４（1747）	甲斐川々	鳥取池田
	東海道筋川々	山内・有馬
	濃勢川々	丹羽
宝暦３（1753）	濃尾勢川々	島津
明和３（1766）	濃勢川々	毛利・小浜酒井
明和４（1767）	関東川々	伊達・浅野
明和５（1768）	濃尾勢川々	蜂須賀・有馬
安永４（1775）	甲斐川々	丹羽・富山前田
安永５（1776）	濃勢川々	鳥取池田
安永９（1780）	東海道筋川々	藤堂
天明元（1781）	関東川々	岡山池田・蜂須賀・宇和島伊達・大久保
天明３（1783）	濃尾勢川々	小笠原
天明４（1784）	武上信川々	細川
天明６（1786）	関東伊豆川々	浅野・毛利・鳥取池田・岡山池田・蜂須賀・山内・松江松平・奥平
天明８（1788）	東海道筋川々	柳沢・庄内酒井
寛政元（1789）	浅草川	立花
	隅田川	福山阿部
	濃勢川々	丹羽・富山前田
寛政３（1791）	東海道筋甲斐川々	姫路酒井
寛政４（1792）	江戸川・神田川	佐竹
寛政５（1793）	東海道筋甲斐川々	岡山池田
寛政６（1794）	関東川々	松江松平
寛政８（1796）	濃勢川々	丹羽

表10　享保〜寛政期の主な河川御手伝普請
注：明和３年以降は「国役普請」に組み込まれる.
出所：松尾〔1978〕などより作成.

金の回収は進まず、天保一三年（一八四二）の時点でも未償還金の総額は二一万三六〇〇両余もあった〔笠谷 1993〕。

杉田玄白の『後見草』

蘭学者として知られる杉田玄白に『後見草《のちみぐさ》』という随筆がある。玄白は享保一八年（一七三三）生まれ。江戸で最初の打ちこわしがあり、食行身禄が富士山で入定した年である。生まれて二四、五年はあまり大きな出来事の記憶はないと玄白は言う。それが宝暦九年（一七五九）からは様子が変わる。この年の夏ころから、だれ言うとなく、来年は三河万歳で謡われる「弥勒十年辰の年」にあたるという噂が流れた。「みろくの年」には災難が多い。この難を逃れるために「取越《とりこし》正月」ということがはやった。悪い年を早く終わらせて良い年を迎えようと一年に二回正月をするのだ。先に触れた「はやり正月」のこと。

宝暦一〇年になると将軍家重が引退し、家治《いえはる》が襲職することになった。代替わりは世が改まること、つまり「世直り」が期待される。ところが将軍襲職の祝儀が予定されていた二月四日に、赤坂今井谷《いまいだに》から火が出て品川まで焼き尽くす大火になった。さらに六日には、神田旅籠町《はたごちょう》から出火し深川までが焼けた。四、五〇年なかったような大火で、「左右より　ひの出をあおぐ右大将《うだいしょう》　実《げに》おおやけの御代《みよ》ぞめでたき」という狂歌がはやった。「ひの出」の

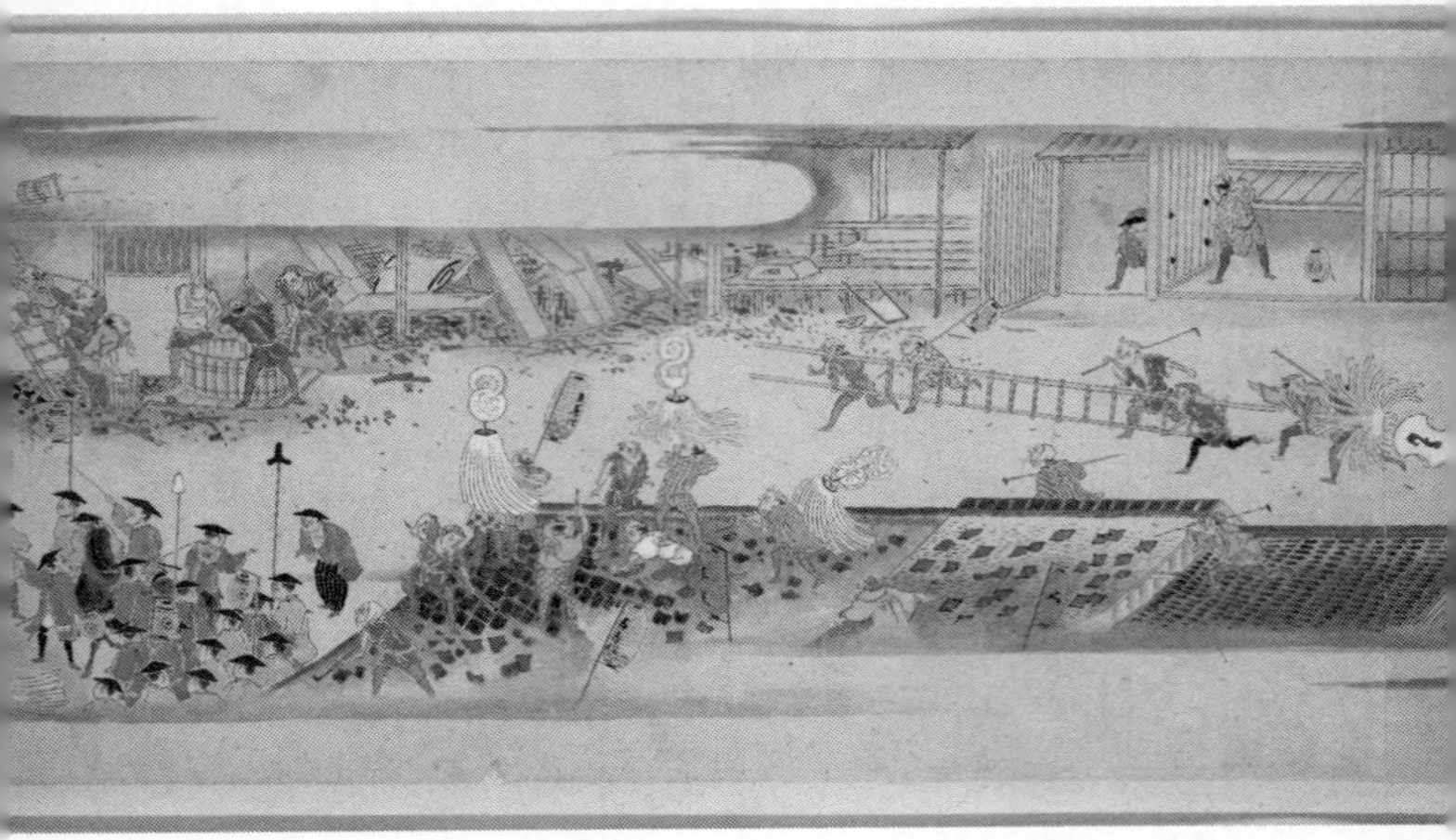

「ひ」は「日」と「火」を、「おおやけ」は「公」と「大焼け」を掛けている。「右大将」は「将軍」のこと。新将軍が襲職しても、「世直り」どころではない。火事に始まる治世がめでたいわけがない。

その後も、火事・大雨風・突風・日照り・落雷・感冒の流行など災厄は続く。幕府の増助郷《ましすけごう》に反対する伝馬《てんま》騒動に始まった明和年間（一七六四〜七二）は、百姓一揆が各地で起きた時期でもあった。幕府領・藩領の枠を超えて百姓たちが連携する「広域闘争」が起きるようになり、一揆にともなう打ちこわしも厳しさを増した〔林 1971〕。明和六年（一七六九）幕府は一揆鎮圧のために最寄りの藩が出兵することを命じ、翌明和七年には徒党・強訴《ごうそ》・逃散《ちょうさん》の

写真10　『目黒行人坂火事絵巻』
所蔵・写真提供：国立国会図書館.

訴人（領主への通報）をすすめる高札を建てた。

明和八年二月、畿内近国から御蔭参りが始まり、またたく間に全国におよんだ。参詣者総数二〇七万七四五〇人、五月には毎日二四、五万人が参詣したという。「世直り」への願いが広まった。

この年三月一〇日、遠く琉球国八重山《やえやま》諸島で大きな地震津波があった。石垣《いしがき》島では全島の四割が波に洗われ、全潰家屋一八九一軒、死者八四三九人を数えた。

翌明和九年正月二九日、目黒行人坂《ぎょうにんざか》大円寺《えんじ》より出火、南風が強く火は北東へ広がり、浅草まで江戸町中の三分の一を焼いた。明暦以来の大火で、死者は何万人ともわからないという【写真10】。

一一月一六日、「安永」と改元される。「年号は安く永しと替われども　諸色高直《しょしきこうじき》いまに明和九《めいわく》」という狂歌がはやった。大火後の物価騰貴が続いていた。翌安永二年（一七七三）春ころより疫病が流行。三月から五月まで江戸町中で約一九万人が亡くなったという（『武江年表』）。幕府は「御救」として江戸町々に朝鮮人参を配った。安永五年春には麻疹が流行する。宝暦三年（一七五三）以来の大流行であった。多くの人が亡くなった。安永七年伊豆大島噴火、安永八年薩摩《さつま》桜島噴火、同年と翌安永九年は諸国で洪水が続いた。

安永一〇年四月二日、「天明」と改元。江戸の町人は「悪いことは天命」ととらえ、語呂《ごろ》が悪いと全くの不評だった。事実天明年間（一七八一〜八九）も災害の連続であった。玄白も『後見草』で、そのことに多くの筆を費やすことになる。

2　天明浅間山大噴火と天明の飢饉

「天明の飢饉」は、江戸時代でも最大の犠牲者を出した飢饉であった。飢饉後の人口は、どの地域でも江戸時代の最低を記録する。各地で食料を求める打ちこわしが起こり、打ちこわしが領主や富裕者の施行を引き出すという「慣行」も広まった。飢饉を通じて、地域を単位とした新しい救済システムが模索されるようになる。地域の実態は「村」の連合である。そのつながりは、領主支配の機構に沿う場合もあれば、それを超える場合もある。いずれの場合も、領主支配と付かず離れずのかたちで地域の自立的な活動が広がる。

飢饉の原因の一つに、直前に起きた浅間山の噴火があった。その噴火災害の様子から話を始めてみよう。

浅間山大噴火

浅間山は現在でも活潑な活動を続ける活火山の一つだ。歴史上も何度か大噴火を繰り返しており、江戸時代でもその活動が衰えることはなかった。

天明三年（一七八三）四月九日浅間山が噴火した。麓の村では家が地震のように揺れた。それから一か月半ほどは平穏に過ぎたが、五月二六日に再び噴火、三日間続いた。六月一七日に三度目の噴火、その後は断続的に噴火が続き、二九日からは連日となった。七月六日は昼過ぎから爆発が続き、夕方から夜にかけてさらに激しくなった。麓の村人たちは避難を始めた。降灰は関東一円に広がった。七日は北斜面で火砕流が発生、夜から翌八日朝にかけて噴火は最高潮に達した。中山道《なかせんどう》の軽井沢や沓掛《くつかけ》の宿場に火石が降り、多くの家屋が焼けた。昼前北麓で発生した火砕流は上野国吾妻《あがつま》郡鎌原《かんばら》村を直撃、瞬時に村を呑《の》み込んだ。犠牲者は四七七人。小高い観音堂に逃れていた老人・女・子ども九三人が助かった。

さらに流れ下った火砕流は吾妻川に流れ込み、泥流となった。土砂が降り積もっていた吾妻山では山津波が起こり、群馬郡南牧《なんもく》村・北牧《きたもく》村・川島《かわしま》村が壊滅して、二四八〇人余が亡くなった。山津波は村々を押し潰して大量の土砂を利根川まで流し込み、各所で洪水を引き起こした【口絵1】。前橋周辺では一五〇〇人ほどが亡くなった。九日になって、噴火はようやく沈静に向かう。

七月一一日ごろから村人たちは村に帰り、復旧を始める。村役人たちはまず被害の状況を領主に報告した。これを受けて領主の見分役が派遣される。村人は役人に対して当座の扶持米の支給と年貢の減免を願った。被害の大きかった吾妻郡の幕府領では、勘定吟味役の根岸《ねぎし》九郎左衛門鎮衛《くろうざえもんやすもり》がじきじきに廻村し、飢人扶持米として男一人一日米二合、女米一合を六〇日分支給することとした。あわせて、農具代も下賜された。できる限り自力で灰を取り除き、農地を回復させるためであった。私領分では、川越藩のように農具代・種籾代・建築資材などを下賜する場合もあったが、多くは当座の夫食米を提供するにとどまった。私領の村人が巡回する幕府役人に直訴《じきそ》する場面も見られたが、幕府は私領の救済は私領主の責任という立場を崩さなかった。

復旧は遅々として進まず、物価も高騰した。村人の不満も高まった。九月晦日碓氷《うすい》郡下磯部《しもいそべ》村で打ちこわしが起きる。村役人が救済を求めて江戸へ出訴中の出来事であった。一〇月二日武州・上州の百姓が信州の米屋を打ちこわすという噂が流れ、小田井《おたい》宿に一〇〇〇人ほどが押し寄せた。百姓たちが米の安売りを要求する書付を差し出したので、炊《た》き出しをして食べさせた。噂では、岩村田《いわむらだ》宿では一二軒が打ちこわされ、佐久《さく》郡では五三軒が打ちこわされたということだ。

復旧をめぐる「公儀」と村方

一〇月に入ると幕府による堤川除などの「公儀普請」が始まる。対象地は上野国七郡の七〇三か村におよんだ。工事は地元の村の請負を原則とし、七、八歳の子どもにも人足賃を支払っている。夫食給付と同じ意味を持った救済策でもあった。一一月になると、私領内の用《よう》悪水路《あくすいろ》・道・橋についても御普請で修復することとなり、御料・私領の村々を組み合わせて村請させることにした。富士山宝永噴火の復旧策と同じやり方だ。こうして御普請の総費用は金五五万両にものぼった。幕府は熊本藩細川家に御手伝普請を命じる。ただし、熊本藩が直接工事に関わることはなく、工事費用の半分近くにあたる金二二万両を醸出した。

翌天明四年（一七八四）閏正月中には御普請金が村々に割り渡された。それでも諸穀諸色高直のため、「野《の》らな」を取って食べるような有様であった。村方からの願いを受けて、領主による救恤が続く。四月には、種籾代の拝借が認められ、割り渡しが行われる。無主となった耕地の起返《おこしかえ》しのための拝借金も下された。五月には砂降・飢渇によって病人が多く出ているとして、「妙薬の書付」が配られた。六月には畑方年貢の延納も願いの通り認められている。しかし、五月の中ごろから雨天が続き、夏作物の育ちが悪い。冷夏の気配が広がった。

鎌原村の復興

壊滅的な被害を受けた鎌原村の復興については、根岸鎮衛（九郎左衛門）が『耳嚢《みみぶくろ》』に興味深い話を記している。

鎌原村では、奇跡的に助かった九三人の者も、泥流に埋まった村になすすべもなかった。これを見た近隣の大笹《おおざさ》村長左衛門・干俣《ほしまた》村小兵衛・大戸《おおど》村安左衛門の三人は、それぞれの家に生き残った人を引き取って養った。噴火が収まってからは、村の跡地に小屋を作り、麦・粟・稗《ひえ》などを少しずつ送って助命した。そして、「生残りし九十三人は誠に骨肉の一族とおもふべし」と諭して、「親族の約諾《やくだく》」をさせた。さらに三人は、夫を失った女には妻を流された男を取り合わせ、子を失った老人には親のない子を養わせて、すべての村人を「一類」に取り合わせた。家族や「家」を基礎にしてしか村の再建はありえないというのは、当時の村落生活からすれば当然であった。根岸も「誠に変に逢《あ》ひての取計ひは面白き事なり」と感心している。被災をまぬがれた耕地も、再編された「家」に均等に配分された。加えて長左衛門は、他村から農家を移住させて荒れ地を再開発させる計画を立て、幕府も支援を約束するが、これはうまくいかなかった。

この三人は、鎌原村以外にも被災した村々を救済しており、「奇特《きとく》」（感心な行い）として幕府から名字帯刀を許され、白銀《しろがね》を下された。このとき小兵衛に逢った印象を根岸は、「はたらき有るべき発明者とも見えず、誠に実体《じってい》なる老人に見え侍《はべ》りき」と記している。どこにでもいるような普通の老人だというのだ。小兵衛は商売をしていたが、特別裕福な者でもなかった。それでも、近郷の難儀を聞いて、「我等の村方は同郡の内ながら隔り居り候故、此の度の愁《うれい》をまぬがれぬ。しかし右難儀の内へ加り候と思はば、我身上《しんしょう》を捨《すて》て難義の者を救ひ然《しか》るべし」と述べて、家財を惜しまず急変を救ったという。彼らは村を超えて活動する「地域の治者」と言っていい。彼らに支えられて村の再建が進む。

それでも復興は容易ではなかった。七六年後の安政《あんせい》六年（一八五九）でも、鎌原村の村高三三二石余のうち二〇五石余は「亡所」のままであった。率にして六一・八パーセント。人口は一七四人に増えたが、それでもかつての三〇・五パーセントにとどまり、再建直後に三四軒であった戸数は、三五軒と一軒増えただけであった〔児玉 1989〕。

青ヶ島噴火

青ヶ島《あおがしま》は八丈島の南にある火山島である。いつごろから人が住み始めたかは不明だが、慶安五年（一六五二）や寛文一〇年（一六七〇）に噴火したことが知られている。

この青ヶ島で、安永九年（一七八〇）六月ころから地震が群発し、火口から熱水が噴き出すようになる。天明五年（一七八五）は三月一〇日から噴火が始まり、連日火石を飛ばし、砂土を降らせた。四月に入って危険を感じた村人は、全島避難を敢行する。二〇〇人が八丈島に避難したが、一四〇人ほどの島民が命を失った。八丈島での避難生活は困難を極めた。避難中に名主となった二郎大夫《じろうだゆう》によって故郷への還住が企画される。寛政五年（一七九三）から復旧計画が始められ、噴火から四〇年後の文政七年（一八二四）にようやく帰還が実現した〔小林 1980〕。

どんなに災害で破壊されても、生まれ故郷に帰ろうとするのは、人の「帰巣本能」だろうか。避難が長期化すれば、意志も挫《くじ》けるだろう。それを乗り超えて帰還を実現させたのは、島民の熱意とリーダーの不屈の指導力であったに違いない。他方、避難先にもさまざまな事情があったろう。帰らないという選択の余地はほとんどなかったかもしれない。南の島の小さな帰還劇にも、災害をめぐって考えるべき問題が多くあるだろう。

天明の飢饉始まる

天明二年（一七八二）、東北地方では冷害による凶作の気配が広がり始めていた。翌天明三年には浅間山の大噴火があり、火山灰が空を覆って寒冷な気候に拍車をかけた。夏にも穀物は実らず、七月ころから各地で米の安売りを求める強訴や打ちこわしが起こり始める。宝暦の飢饉で大きな被害の出た仙台藩では、その後も明和二年（一七六五）、安永三年（一七七四）、同七年と断続的に不作が続き、藩財政の窮乏は一向に改善しなかった。天明三年九月一九日、仙台城下の藩士安倍清右衛門《あべせいえもん》の屋敷が打ちこわされた。安倍は、もともと城下の木綿商人であったが、藩に献金をして「御取上士《おとりあげし》」（いわゆる献金侍）となり、のちに四〇〇石を与えられ、藩財政の出納をする「出入司《しゅつにゅうづかさ》」を務めた。たびたびの献金額は総計二〇万両にものぼったという。安倍は藩の買米・廻米政策や囲籾の江戸売却にも関わっており、領内で買い上げた米を隠し置いているという噂もあった。米不足や米高直の元凶としてやり玉にあげられたのだ。しかし、その後も米価は下がることなく、天明三年七月に一升五〇文であったものが、翌四年五月には三五〇文に達している。

後手に回った藩では、飢饉に対してほとんど打つ手がなかった。藩主正室からの「御恵《おめぐみ》金」一〇〇〇両を元手に、天明四年一月になって、町方の困窮人へ一人一日玄米三合の支給を行ったが、三回で打ち止めになった。二月末からは広瀬《ひろせ》川の河原で施粥が細々《ほそぼそ》と続けられた。仙台藩領の餓死者は、一四、五万人とも二〇万人とも言われる〔仙台市史編さん委員会2004〕。

宝暦度には津留を行って餓死の拡大をくいとめた弘前藩では、その後藩財政が悪化し、政権が交代した。新しい家老らは商人と結んで廻米を増加させるなど積極財政をとった。天明三年も例年通りの廻米を行った。しかし穀物は全く実らなかったため、領内は深刻な食料

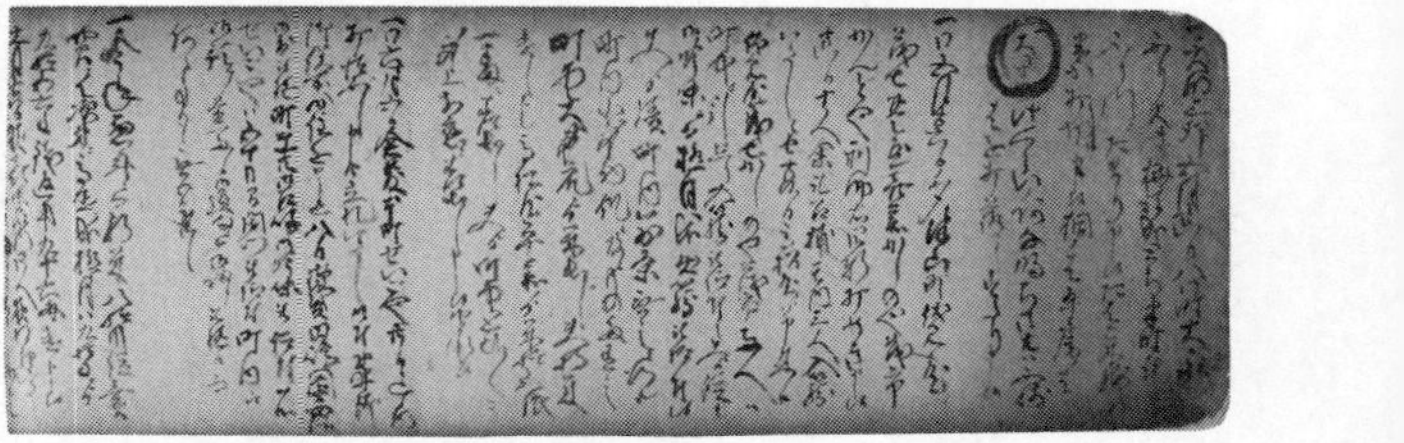

写真11 赤堀家「日記帳」より5月26日津山打ちこわしの記事
個人蔵.
写真提供：美作市教育委員会.

不足に陥った。弘前や青森には飢人が流入し、放火や盗賊が相次いだ。領内の餓死者は八万人から一〇万人にのぼったとみられている。

西日本も事態は深刻であった。美作国では天明元年・二年と長雨などの気候不順が続き、稲も木綿も不作であった。勝南《しょうなん》郡岩見田《いわみだ》村の赤堀《あかほり》氏が書いた「日記帳」がある【写真11】。これも村の年代記だが、それによれば、美作国東部の在町である美作倉敷では平年なら一石につき四〇匁ほどの米価が、天明二年の末には七〇匁になった。天明三年は春になっても気温があがらず、五月に雹《ひょう》が降り、煙草や木綿に被害が出る。五月二六日になって、津山城下町で四軒の商家が打ちこわされた。米の売り惜しみが原因のようだった。首謀者一〇人あまりが捕らえられたが、四軒のうち二軒の商家も籠《ろう》舎《しゃ》になった。その後、町の富裕者が米を供出して、困窮者への施行が行われた。

六月五日、美作倉敷で富裕者を打ちこわすとの立札が立てられた。代官が出張して米商人を五〇日間の閉門に処したので、打ちこわしはなかった。しかし、凶作は明らかで、米価は年末には九五匁に、あけて天明四年正月には一〇〇匁を超えた。食を求めて流浪する者が増える。倉敷に近い岩見田村にも、一日に八〇人も飢人が押し寄せるようになった。赤堀家では粥を炊いて施行したが、米も麦も尽き果て、その後は稗を炊いて振る舞った。

救恤のための拝借金

幕府には各地から救済を求める声が寄せられた。しかし、浅間山噴火からの復興に振り回されていた幕府には、さらに藩に助力する余力はなかった。天明三年（一七八三）一二月、幕府は翌年から七か年の間「諸向御倹約《しょむき》」を仰せ出すとともに、その七年間は「万石以上以下」ともに「依願拝借」は認めないと触れた（『御触書天明集成』）。拝借金出願の停止を命じたのである。

ところが、『徳川実紀』によれば天明三年から四年にかけて【表11】のように六件の拝借が認められている。幕府に寄せられた被害状況によれば、弘前藩は皆無作、中村藩（相馬《そうま》藩）は八九パーセントの損亡であり、八戸藩・仙台藩は九六パーセント、盛岡藩も六七パーセントの損亡であった。このうち拝借が認められたのは、弘前藩一万両、中村藩五〇〇〇両

年 代	月 日	藩主名（藩名・知行高）	拝借金
天明3（1783）	12月22日	牧野遠江守康満（信濃小諸1万5000石）	金700両
	同	松平玄蕃頭忠福（上野小幡2万石）	金1,000両
	12月25日	津軽越中守信寧（陸奥弘前4万6000石）	金1万両
天明4（1784）	3月16日	松平肥後守容頌（陸奥会津23万石）	銀300貫目
	同	秋田信濃守倩季（陸奥三春5万石）	金2,000両
	12月25日	相馬因幡守祥胤（陸奥相馬6万石）	金5,000両

表11 天明の飢饉下の大名拝借金
出所：『徳川実紀』第10篇より作成.

大名（藩名）	金高（両）
牧野越中守（常陸笠間）	7,000
鳥居丹波守（下野壬生）	3,000
酒井石見守（出羽村山）	3,000
安藤対馬守（陸奥磐城平）	5,000
松平玄蕃頭（上野小幡）	2,000
戸田因幡守（下野宇都宮）	7,000
阿部能登守（武蔵忍）	10,000
堀田相模守（下総佐倉）	10,000
松平右京亮（上野高崎）	7,000
土井大炊頭（下総古河）	7,000
西尾隠岐守（遠江横須賀）	3,000
板倉伊勢守（上野安中）	3,000
松平能登守（美濃岩村）	3,000
久留島信濃守（豊後森）	2,000
井上筑後守（下総高岡）	2,000
太田備後守（遠江掛川）	5,000
稲垣長門守（近江山上）	2,000

表12 天明6年（1786）12月損亡難儀拝借金大名
出所：『御触書天明集成』より作成.

である。これらの藩が例外的に認められた理由は不明だ。拝借が認められた六藩のうちでも、日ごろの失政を咎められて、三春《みはる》藩は「御叱《おしかり》」、中村藩は「出仕停止」の処分を受けている。拝借金は、処分覚悟でなければ出願できないという雰囲気が広まったに違いない。

それでも背に腹は替えられない。飢饉がより深刻になった天明六年一二月には、一七の藩にあわせて八万一〇〇〇両が下されている。【表12】のように、中小譜代藩が主な対象である。拝借金停止令は事実上の反古《ほご》であった。

村山地方の郡中議定

天明三年(一七八三)一一月、出羽国村山《むらやま》地方では幕府領・私領あわせて一一〇数か村の代表が集会して、穀留《こくどめ》などの郡中議定《ぐんちゅうぎじょう》を行った。村山地方から仙台藩領など他地域に通じる八か所に口留番所を設け、米はもちろんのこと、粟・稗・蕎麦《そば》・大麦・小麦・麩殻《ふがら》・飴《あめ》・おこし・饂飩《うどん》・素麵《そうめん》・菓子の類まで、食料になるようなものは一切持ち出し禁止としたのだ。

宝暦飢饉のとき、弘前藩や一関藩では領内に食料を確保するために津留を行ったが、幕府領や私領が入り乱れた村山地方では、統一的な対応が困難であった。そうしたことへの反省もあったのか、安永年間(一七七二~八一)ころからは幕府領・私領を超えて村々の代表が集会し、地域の共通課題について郡中議定を作成して結束を図るようになっていた。飢饉のときにもその機能が発揮されたのだ。穀留の郡中議定は、以後天明の飢饉の間を通して、毎年繰り返された〔青木2004〕。

この郡中議定に関しては、次の二つのことに注意しておきたい。

一つは、郡中議定の成立と運用に幕府領の代官が深く関わっていたことである。当初私領の村々では穀類を自領内のみで流通させようとする動きがあった。これを、幕府領・私領を問わず郡中として融通させるよう指導したのは、幕府代官であった。つまり、郡中議定の担い手は幕府領の郡中惣代や私領の大庄屋たちであったが、かれらの集会は地域秩序を安定させるという「公儀」の機能を代行するものでもあったのだ。

しかし他方では、こうした「公儀」の「公共」機能が、領主間の調整ではなく幕府領・私領を超えた村々の自主的結合に依拠するかたちでしか実現できなかったことも事実である。地域住民の生存は、地域の民間有力者にとっても領主にとっても共通の課題であった。こうした地域の共通課題に取り組むことを通じて、郡中の指導者たちが「地域の治者」として成長していく。

もう一つは、郡中議定が内と外に対して持った矛盾と対抗である。議定では、郡中への穀留を実施する一方、村々が自村内に穀物を留め置くことを禁じ、郡中に流通させるよう命じている。このように「村留」を禁じて「郡留」を強調するのは、郡規模での流通と交流に深い関わりを持つ豪農商の利害にもとづくものであることは確かだ。村の中には、穀物を「村留」しようとする動きが常にある。しかし他方では、中下層の村人の生活が地域とのつながりを抜きにしては成り立たなくなっていることも事実だ。郡中議定は、こうしたなかで、豪農商の地域支配に依拠することで村人の生存を守ろうという「村の治者」（庄屋などの村役人）たちの選択であったと言えるだろう。

また、郡中での穀留は、他地域とりわけ都市への廻米を要求する都市下層民と対立するものであった。実際、周辺地域からの穀物が流入しなくなった仙台藩領では飢餓が進んだ。地域の自立が地域間利害の対立を激化させるのだ。それは、徳川日本における「治の重層」の問題であるとともに、人びとの帰属意識や「国家」意識の問題でもあった。少なくともこの時点では、列島各地の人びとは藩や郡中という「地域」を単位とした「公共」機能を強化するかたちで、自らの生存を維持しようとしていたと考えてよいだろう。

天明七年の打ちこわし

天明四年・五年（一七八四・八五）も作柄はよくなかった。穀物の安売りを求める騒動や打ちこわしが、各地で起きた。天明四年四月、幕府は米の売り惜しみや囲い置きを禁止し、手広く売り出すよう命じた。また、諸国の廻米を輸送の途中で売買することも禁じた。あわせて、こうした命令に悪乗りして、大勢徒党を組んで安売りを強要したり、打ちこわしなど理不尽《りふじん》な行動のないよう釘《くぎ》を刺した。また、江戸では米穀売買勝手令を出して、周辺地域からの穀物の流入と問屋・仲買以外の素人でも自由に売買することを認めた（『御触書天明集成』)。これにより、江戸での深刻な米不足はかろうじて回避されたようだ。

天明六年は再び冷夏となり、大雨で関東筋は寛保二年(一七四二)以来の大洪水となった。このため米価が高騰し、関東筋から江戸へ流入する飢人も増加した。幕府は九月に再び米穀売買勝手令を出して、江戸への米の移入増と米価の引き下げを図った。あわせて米買いの庶民が商人に安売りを強要することも禁じた。しかし今回は関東農村も飢饉に陥っていたため、江戸への廻米は増加せず、米価は高騰を続けた。一一月、幕府は売買勝手令を撤回し、旧来のように六軒の米問屋に上方米の扱いを独占させ、彼らに安値販売させることで米価の高騰を抑えようとした(『御触書天明集成』)。幕府の米価対策の迷走に、市場も消費者も混乱した。

翌天明七年一月、幕府は大坂で米一万石を買い付けて江戸へ廻送した。このため大坂で投機的な買米が起こり米価が急騰する。他方、江戸では廻米の効果もなく、米価の高騰はおさまらなかった。五月二〇日、ついに江戸で大規模な打ちこわしが始まる。

この打ちこわしは江戸のあちこちで連鎖的に起きたことに特徴があった。打ちこわされた家は五〇〇軒を超え、米関係の商人が三分の二を占めた。打ちこわしと前後して、市中の各地で施行が行われた。打ちこわしが起きた地区と施行が行われた地区は重なっているところが多いから、打ちこわしが施行を引き出したことは間違いないだろう。騒動は二四日になって、ようやく沈静化する。幕府は六月に、「武家寺社町方共一統救い合い」の気持ちを持って「助け合う」ように触れた（『御触書天明集成』）。

施行にはさまざまなかたちがあったが、特徴的なのは次の二つだ〔北原 1995〕。一つは、単独で一〇〇両以上を施行するもので、一二件あった。これらは打ちこわしを回避しようとして豪商たちが行うものであった。もう一つは、「町中」や「不特定多数」が行うもので、額も少ない。こちらは、住民による相互扶助的な性格の強いものであった。

大坂・京都の状況

大坂では江戸より早く五月一二日に町続きの農村から騒動が始まった。この動きは町場周縁を巻き込んで拡大し、さらに中心部の打ちこわしへと発展した。騒動のなかでは、各地で米の安売りを強要する「押し買い」が横行した。一二日夜、町ごとに困窮者を調べて町内で手当することを命じる触が奉行所から流される。これを受けて、多くの町では町として米を買い集め、困窮者に安値で売り渡した。購入代金と売り上げとの差額（間銀《あいぎん》）は家持たちが軒割《のきわり》で負担した。これは「町の治者」たちによる救済と言ってよいだろう。

一六日になると、「身元宜《よろ》しき者」による施行を促す町触が出され、一八日には惣会所で行う施行への合力を呼びかける触が出される。惣会所による施行は、二二日と二八日の二回行われている。こうした一連の対応によって、混乱は比較的早期に沈静化したようだ。

京都では町奉行所の対応が遅れたこともあって、町人たちが「千度参り」と称して禁裏御所に参集したという。この動きは六月五日ごろから本格化し、多いときには一日数万人が御所に「参詣」した。見かねた朝廷は伝奏《てんそう》を通じて町奉行所に救済を要請した。これを受けて米一五〇〇石の施米が実施され、あわせて、対策が遅れたことの責任を問われて京都所司代が解任された。これを受けて、例のように富裕者の合力による寺社での施行が広がる。朝廷を巻き込むことで「公儀」をはじめとした幅広い施行を引き出すという、京都住民のしたたかさがうかがえる。

飢饉後の対策

天明八年（一七八八）正月晦日に京都で大火事が起きる。明けがた建仁寺《けんにんじ》あたりから出た火は、大風にあおられて所々に飛び火し、禁裏御所や二条城をはじめ洛中の約八割が焼失した。焼け出された人は約二〇万人とも言われる大火となった。前年後手《ごて》に回った幕府は、早速復興に乗り出し、町中に対して施米三〇〇〇俵、貸銀六〇貫目を施した。内裏についても旧来の規模を超える復古的規格での再建に取りかかり、朝廷や京都町民の支持を得ようと努めた。さらに、米相場を高騰させた罪で処罰された商人の闕所金《けっしょきん》二万二〇〇〇両を原資に社倉制度を設け、これを「永続の仕法」とした。

囲籾については、備蓄があったところでも天明の飢饉のあいだにすべて放出されてしまっただろう。寛政元年(一七八九)九月、幕府は万石以上の大名に対して、高一万石につき五〇石の割合で来年より五年間囲籾することを命じた。宝暦年間(一七五一～六四)には一か年に二五〇石としていたものを、飢饉後の厳しさを考えて、同じ量を五か年賦で備蓄しろというのだ。面々がその領地に備蓄すれば、それがそのまま「天下の御備」になるのだから、(将軍も)「御安心」だという(『御触書天保集成』)。飢饉時には、藩の自力の対応に頼ろうとする「公儀」の姿勢が見えている。

江戸では寛政三年一二月から七分《しちぶ》積金《つみきん》の制度が始まる(『江戸町触集成』)。これは、町入用の節約を行い、それによって減少した金額のうち七割を救恤用に積み立てる制度で、年二万両を超える額が積み立てられた。町会所ではこれに「公儀」から下賜された一万両を差し加えて囲籾を行った。さらに囲籾の費用の余金を積み立てて、災害のときなどに困窮地主に低利で貸し付けたり、借家の難渋者の救済金などに使用した〔吉田 1991〕。

この制度は、「公儀」の「公共」機能の一部を町が代行するものであったが、家主層で構成される町にとっても、借家層が増加するなかでは、救済機能抜きには町運営が成り立たない状況になっていたのだ。

宝暦期から天明期にかけては、災害が続くなかで、一八世紀前半に登場した救済のシステムが、試行錯誤しながら深化したと言えるだろう。「公儀」も藩も地域も村も、その救済システムのなかで役割を果たすようになるが、同時にそこでは相互のせめぎあいも目立つようになる。そうしたなかで、相互扶助の「公共」意識が、まがりなりにも社会のなかへ次第に浸透していった。

「宝天文化」論

元禄文化と化政《かせい》文化にはさまれた一八世紀後半の宝暦・天明期の文化を、「宝天文化」と呼ぶことにしよう。中野三敏《なかのみつとし》は、この時期の文化こそが最も江戸時代らしい文化であり、江戸文化の壮年期だと評価する。そうした立場からすれば、元禄文化は青年期であり、化政文化は老年期ということになる〔中野1993〕。たしかにこの時期の文化は、実に多彩だ。

儒学では徂徠《そらい》学が隆盛し、折衷《せっちゅう》学も起こる。漢詩文が最も盛んであったのもこの時期だ。国学を本居宣長《もとおりのりなが》が大成し、蘭学も盛んになる。開明的な経世論や本草学・医学などの実学も広がった。絵画では、文人画や南画、写生画の優れた作品が現れ、浮世絵も洗練された錦絵作家が個性を発揮した。俳諧《はいかい》には与謝蕪村《よさぶそん》があり、黄表紙《きびょうし》や洒落本《しゃれぼん》、川柳や狂歌といった「俗」文学が流行した。優れた作者や俳優が輩出した歌舞伎《かぶき》や浄瑠璃《じょうるり》も、大衆的な人気を博した。平賀源内《ひらがげんない》や司馬江漢《しばこうかん》といったマルチタレントが活躍する。年表を繙《ひもと》いていると、災害記事の合間に雨後の筍《たけのこ》のように、文化関係の記事が顔を出す。

菊池勇夫によれば、この時期を災害史として描いた杉田玄白の『後見草』は、「終末観と世直し」の書だという〔菊池 1997〕。西洋医学の実証性に感動した玄白も、深い「絶望」感にとらわれていた。中村幸彦《ゆきひこ》は、この時期の文化の背景に老荘思想の流行をみている〔中村 1982〕。老荘思想では、自然の深遠さと人間の卑小さが対比され、「無為《むい》」がよしとされる。「無為」とは、自然のありのままであること、無作為であるという聖人の理想のあり方。仏教で言えば、因縁に支配された人間界を離れた常住絶対の境地である。『後見草』に玄白は、「唯好《ただよ》き事もなきにはしかじと申し侍れば、無為にこそあらまほしけれ」と述べている。たとえ好いことであっても何かことがあるのは煩わしいから、むしろ何事もなく平穏なのがいい、というのだ。人間の「知」への希望とその限界への悲観。その合間にただよう「無為」への憧《あこが》れ。時の文化人の心中を、玄白が代表してもらしているようだ。

「江戸っ子」の文化も「宝天文化」に始まる。「江戸っ子」の美意識を「いき」という。哲学者の九鬼周造《くきしゅうぞう》は、それを「あか抜けして、張りのある色っぽさ」と定義した〔九鬼 1979〕。「あか抜けして」というのは、洗練されていることであり、その道に通じていること。道を知らないのが「野暮《やぼ》」、通じてもいないのにこだわるのが「半可通《はんかつう》」だ。道に通じた者は、こだわりがなく、あっさりしている。九鬼はそれを「諦《あきら》め」と表現している。「張りのある」というのは、自己を貫き通す意気地《いきじ》のあること。「色っぽさ」というのは、男であれ女であれ魅力的であることだ。「宵越しの金は持たぬ」は、「江戸っ子」の信条。「其日稼《そのひかせ》ぎ」の生活実態に合っており、一見刹那《せつな》的にも感じられる。「火事と喧嘩《けんか》は江戸の花」と言われ、災害の頻発する時代。「一寸先は闇」に違いない。そんななかを精一杯生き抜く「意気地」とある種の「諦め」。それが「色っぽい」。

「無為」と「諦め」に裏打ちされながら、精一杯自己主張する人びと。「宝天文化」のきらめきは、そんなコンセプトで読み取れないだろうか。

コラム3　供養塔の語るもの

災害供養塔の建立

津波の犠牲者を追悼するために村々で供養塔が建てられることは、これまでにも触れた。しかし、災害犠牲者を祀る供養塔が建てられるようになるのは、いつからのことだろうか。江戸時代以前の中世には、戦闘の犠牲者を敵味方の区別なく祀る「敵味方供養塔」が建てられることはあった。それは、不遇な死者が祟《たた》るのを恐れて、鎮魂のために供養するという、古代以来の「御霊《ごりょう》」信仰によっているようだ。塔を建てるのは、死体を埋葬して回った三昧僧《ざんまいそう》（「聖《ひじり》」）であった。それに対して災害供養塔はほとんど見当たらない。当時の人びとにとって災害死や疫病死は「日常的な」ことであったのだろう。特別に塔を建てて記憶するような事柄ではなかった。

明暦の大火は、江戸時代最初の大規模都市災害であった。死者は一〇万七〇〇〇人余と言われる。本所牛嶋新田《ほんじょうしじま》に二万二〇〇〇体が埋葬され、塚が築かれた。このとき死体処理にあたったのは「非人」たちで、彼らが供養に携わることはなかった。幕府は増上寺の貴屋に三〇〇両を下賜して法事を行わせた。たびたび述べている回向院の始まりだ。「公儀」による「無縁」の供養が始まる。その際、死体処理と供養とが分離していくことにも注意したい。埋葬と供養にともなう「聖《せい》」と「賤《せん》」の両義性が失われ、埋葬にともなう「穢れ」だけが固着する。

全国各地に多くの災害供養塔が建てられるようになるのは、関東では元禄地震津波から、西国では宝永地震津波からだ。この時期の供養塔には、村や家が建立し、犠牲者の戒名などを刻んだものが多い。それは、一人一人の思い出とともに災害の記憶を伝えるものであり、「有縁」の供養と言ってよいだろう。他方、小田原藩では元禄地震の犠牲者二三〇〇余人を供養するために、黄檗宗の慈眼寺を創建した。こうした領主の供養は、広く領民支配を意識したものと言えるだろう。

津波の供養塔には、名号や題目などの宗教的文言とともに、津波の教訓や津波の到達点など、供養以外の情報が書き込まれるのも特徴だ。石塔はゆかりの地や人の目につきやすいところに建てられた。耐久性もある。単なる供養を超えた意識的な記憶化が始まっていることにも注意したい。

飢饉供養塔

同じころ、飢饉の犠牲者を弔う供養塔も作られ始める。関根《せきね》達人《たつひと》の調査によりながら、津軽・南部地方の様子を紹介してみよう〔関根 2007〕。

最も古い飢饉の供養塔は元禄飢饉を対象にしたもので、津軽地方の弘前と青森に一基ずつ確認されている。いずれも施主は有力町人で、施行場に接する大規模埋葬施設があった場所に建立されている。元禄飢饉については、弘前藩が七回忌にあたる元禄一五年（一七〇二）に弘前・青森・鰺ヶ沢《あじがさわ》の三か所で施餓鬼供養を行い、多数の領民が参加したという。この取り組みは「人心掌握に一定の効果があった」と菊池勇夫は評価している〔菊池 2007〕。

南部地方では寛延飢饉の供養塔が最初のもので、八戸の無縁塚のうえに建立された。八戸藩は法光寺《ほうこうじ》を援助して「無縁塔法施供養回向」を行わせている。同じく南部地方では宝暦飢饉の供養塔が九基確認されている。いずれも城下町やその周辺に建立されていて、都市に流入する飢人を供養したものである。八戸城下心月院《しんげつい ん》の供養塔は念仏講中が建立したものだ。領主の供養とからまりながら都市の「無縁」の供養が先行する様子がうかがえる。

それが天明の飢饉になると様相が一変する。この飢饉の犠牲者を対象とした供養塔は、津軽地方で九八基、南部地方で二七基が確認されている。しかもその大部分が、自然石に短い碑文を刻んだ簡素なものだという。供養塔の多さは犠牲者の多さに比例するだろうが、同時に建立の主体が村や講、個人へと下降したことにも原因があるだろう。身近

写真12　対泉院の餓死万霊等供養塔の正面（左）と裏面（上）
写真提供：八戸市教育委員会.

な記憶のために供養塔が建てられると言ってよい。「有縁」の供養である。

この時期の供養塔にはちょっと変わったものも残っている。三戸《さんのへ》郡斗内《とない》村の「千人塚」は、困窮者に路傍の髑髏《どくろ》を集めさせ、それを一首二四文で買い取って供養したものだという。この場合は、建立事業がある種の復興事業でもあった。また、津波供養塔には教訓が刻まれることも少なくないのだが、それに対して飢饉供養塔には供養の目的以外の文言が刻まれることはほとんどない。そんななかで、天明五年(一七八五)に建てられた八戸対泉院《たいせんいん》の「餓死万霊等供養塔」【写真12】には、天候・作柄・救荒食・食料相場・餓死者数・備蓄など、当時の状況が細かく記されている。新井田《にいだ》村などの「乙名《おとな》中《ちゅう》」が建立した。飢饉の体験を教訓として伝えようとした稀有《けう》な例と言えるだろう。

天保飢饉についてはのちに詳しく触れるが、その供養塔は、津軽で四基、南部で六基が確認されるという。いずれも弘前・青森・八戸など都市やその周辺に建てられたもので、大型のものが多い。たとえば、弘前和徳専修寺《わっとくせんしゅうじ》の「餓死供養名号塔」は嘉永《かえい》六年(一八五三)の一七回忌に弘前の大商人四人が施主となり、周辺四一か町村の六三九〇人が参加して造営されたものだ。いわば「地域の記念碑」と言ってよい。そのために、建立数が減り塔は大規模化したと言えそうだ。

だれがだれを供養するのか。そのことで供養塔のあり方に違いが現れる。飢饉では流浪の末に餓死する場合が多かった。そうした犠牲者は「無縁仏」として葬られることになる。供養回向が目的の塔が多くなるのは確かだ。ただし、村人が身近なひとを供養する場合には、後世に体験を伝えようとする意識も生まれやすいだろう。そんな供養塔を一つでも多く見出し、後世に伝えたいものだ。

第4章 「徳川システム」の疲労

1　寛政期以降の地域社会

寛政年間（一七八九〜一八〇一）以降、幕府でも藩でも体制の建て直しを図って「改革」が盛んになる。そのなかで、幕府の救済活動は、その直接の権力基盤である江戸や関東地方もしくは譜代層に限られるようになり、「公儀」として各地の災害救済に直接関わることは次第に少なくなっていく。地方では、藩と地域の有力者が共同で救済を担うようになる。「地域」の自立性が高まり、「地域の治者」の力量が試される。

寛政の改革

天明四年（一七八四）三月二四日、田沼意次の子で若年寄であった意知《おきとも》が幕臣佐野《さの》政言《まさこと》に斬りつけられ、四月二日に死亡した。理由は全く私的な怨《うら》みであったが、「世間」では佐野を「世直し大明神」とたたえた。幕府内で田沼に対する批判が急速に高まる。天明六年八月二七日、田沼意次は老中を辞職した。九月には将軍家治が亡くなり、翌年四月に一橋《ひとつばし》家出身の家斉《いえなり》が一五歳で将軍になる。ただし幕府の中枢には田沼派のメンバーが居座っていた。

この勢力を一掃させることになったのは、同年五月二〇日に始まった江戸の打ちこわしであった。この打ちこわしについては先に述べた。六月一九日、田沼批判の急先鋒であった松平定信《さだのぶ》が老中に就任する。白河《しらかわ》藩主であった定信は、天明の飢饉にも領内から餓死者を出さなかったとして、「明君」としての評判が高かった。定信が進めた幕府政治が「寛政の改革」と呼ばれる。その特徴を三つあげておく。

一つは、囲籾や江戸の七分積金など、山口啓二《やまぐちけいじ》が「封建的社会政策」と呼んだ施策である〔山口1993〕。これらについても先に触れたが、新規のものというより、旧来から幕府や藩によって進められてきたものを引き継いだと言ったほうがよいだろう。むしろ、こうした「公共」政策が江戸や直轄都市・幕府領に重点を置いたものになることに注意したい。江戸の石川島に人足寄場《にんそくよせば》を設け、無宿人を収容して手仕事を覚えさせて、社会復帰させようとしたのも、そうした政策に数えられるだろう。

二つは、儒学による教育・教化政策を進めたこと。林《りん》家の家塾を幕府直轄の学問所として取り立て、そこでは朱子学を「正学」とし徂徠《そらい》学などの「異学」を禁止した。学問所では学問吟味や素読《そどく》吟味が行われ、優秀者は積極的に役職に取り立てるようにした。庶民に対しても倹約を命じるとともに、諸国から「孝子伝」を提出させて、『孝義録《こうぎろく》』を編纂・刊行している。

三つは、海防政策。このころ、千島や蝦夷地周辺ではロシア人の活動が活潑になり、日本との交易を求めるようになっていた。イギリスやアメリカの船も近海に出没する。これに対して幕府は、「鎖国」は「祖法」であるとして従来の外交政策を再確認するとともに、蝦夷地や江戸周辺の海防体制を強化する。他方、将軍代替わりごとに行われてきた朝鮮通信使の来聘《らいへい》については、財政事情を理由に延期するとともに、対馬など江戸以外の易地《えきち》で国書交換が行えるよう交渉を始めている。外交問題の相手がアジアからヨーロッパにシフトするとともに、「公儀」の役割のなかで外交や海防の比重が増すことに注意しておきたい。

「名代官」による幕府領「改革」

定信の「寛政改革」に呼応する動きは各地の幕府領でも起こる。この時期の代官には領民から慕われて「名代官」と呼ばれた者たちがいる。美作・備中を支配地とした早川八郎左衛《はやかわはちろうざえ》門正紀《もんまさとし》もその一人だ。

早川正紀は元文四年（一七三九）江戸に生まれた。通称は初め伊兵衛、のちに八郎左衛門と改めた。幕臣の養子となり、明和六年（一七六九）勘定として幕府に出仕。関東諸国の河川普請などにも携わった。天明元年（一七八一）からは出羽国尾花沢《おばなざわ》代官となり七年間務めている。尾花沢は出羽村山地方の北部にあたる。正紀は天明飢饉の惨状を目にするとともに、郡中議定の動きにも注視したことだろう。

天明七年七月美作国久世《くせ》代官に転じ、翌年からは備中国笠岡《かさおか》代官も兼ねた。赴任直後に支配地を巡見した正紀は、訴願の多さと間引きの実態に驚いたという〔永山 1929〕。巡見後には間引き禁止や倹約・備蓄などの法令を触れている。荒地起《おこし》返《かえし》手当銀や献納《けんのう》鉄代《てつだい》拝借銀などさまざまな名目の貸付銀を支給し、天明飢饉で疲弊した村々の復興に努めた。吹屋《ふきや》の吉岡《よしおか》銅山の再興、ベンガラ生産への支援、奥津《おくつ》温泉の再開発などにも力を尽くしている。

早川代官の治績として注目されているのは、教諭所の設置だ。久世では寛政三年（一七九一）ころから有志による儒学学習が始まり、代官の支援で学舎が建設され、寛政八年に典学《てんがく》館《かん》が発足した。この学舎の運営費は有志の醵出によるものであったが、「典学館式目」や「講席規条」などは早川代官が定めた。いわば半官半民の学校であった。笠岡には寛政九年に敬業館《けいぎょうかん》が設けられている。これは、笠岡の有力者二六人が請願して設けられたもので、運営費はやはり富裕者が出資した。同じ年、正紀は「久世条教」を自ら著し、村々に配布した。「勤勉」「孝行」「倹約」などの日常道徳の実践を庶民にすすめるものであった。

享和《きょうわ》元年（一八〇一）正紀は関東地回役《じまわりやく》久喜《くき》代官に転じる。美作・備中の住民はその慰留のために嘆願を繰り返した。久喜代官在職中の文化五年（一八〇八）正紀は亡くなる。文化七年には久世に、文政七年（一八二四）には笠岡に、早川代官の遺徳を偲《しの》ぶ頌徳碑《しょうとくひ》が住民の手で建てられている。

上層農民の儒学学習や庶民への教化と結びつけて地域の再建を図るのが、江戸時代後期に共通する「改革」の方式となる。

天　草	肥後３郡
343	4,653
	811
65	131
171町４反６畝	2,130町９反５畝９歩
67	約1,000
725	2,252
2	

島原大変肥後迷惑

島原半島の雲仙普賢岳は、現在も活動を続ける有数の活火山だ。平成三年（一九九一）六月の噴火による火砕流で四三人の犠牲者が出たのは、記憶に新しい。江戸時代では、明暦三年（一六五七）・寛文三年（一六六三）と続けて噴火した後、しばらくなりを潜めていた。それが寛政三年（一七九一）一〇月ころから鳴動を始め、翌寛政四年正月からは噴火を繰り返すようになった。三月一日には地震が頻発、島原城や城下に被害が出た。このため藩主一族や家臣は半島北西端に近い守山《もりやま》村に避難

	島原領
死者（人）	10,139
負傷者（人）	601
死牛馬（頭）	469
田畑荒	379町６反３畝21歩
流失船（艘）	582
流失家（軒）	3,347
流失・損害蔵（棟）	308

表13　島原大変・肥後迷惑の被害
出所：宇佐美他〔2013〕より作成.

した。四月一日大きな地震が二回起きた。これによって島原城下町背後の前山《まえやま》（眉山《まゆやま》）が崩落、崩土は城下町や村々を飲み込み、海に流れ込んだ。崩落により前山は一五〇メートル低くなり、海岸線は八〇〇メートル前進した。海中に流入した土砂によって多数の小島が生まれ（九十九島《つくもじま》）、津波が発生した。津波は有明海を三度往復し、島原地方だけでなく、天草地方や対岸の熊本藩領にも大きな被害をもたらした〔田辺 1991〕。そのため、この津波のことを「島原大変肥後迷惑」と言う。各地の被害状況は、【表13】のとおりだ。

島原藩では、四月六日から囲穀を放出して困窮者への夫食米支給を始めた。島原の快光院《かいこういん》や守山村の大福寺《だいふくじ》などでは施行が行われた。施米は富裕者の合力によったが、藩からの被下米《くだされまい》もあった。江戸藩邸では幕府へ二〇〇〇両の拝借を願い出て許され、九日には一万両が追加される。近隣の大名から見舞いが寄せられたのも注目される。佐賀藩からは米二〇〇俵、福岡藩・大村藩・熊本藩から米各一〇〇俵が寄せられた。七月七日には藩主菩提寺の本光寺《ほんこうじ》で流死人追善供養施餓鬼が執行されている。

写真13　船津村の津波教訓碑
著者撮影.

熊本藩では寺院での供養と施行がいち早く行われた。城下の延寿寺《えんじゅじ》では三日から九日まで七昼夜の法事を営み、その御斎《おとき》には一〇〇〇人を超える被災者が集まったという。延寿寺の僧らは一一日から被害にあった村々を訪ね、溺死者供養の法要を行った。この動きは他宗派寺院にも広がる。藩は幕府から金三万両の拝借金を得て、救恤に努めた。

この津波でも多数の供養塔が建てられた。その数は、天草を含む肥後側で五三基、島原側で三二基にのぼる〔前川 1991〕。元禄や宝永のときと比べて、次の二つが特徴としてあげられる。

一つは、熊本藩が津波溺死者の供養塔を建てていること。塔は「一郡一基の塔」と呼ばれ、飽田《あきた》郡小島《おしま》村・玉名《たまな》郡鍋《なべ》村・宇土《うと》郡網田《おうだ》村に建てられた。いずれもその郡で最も被害の大きかった村だ。碑の大きさや碑文の内容はほぼ同じだが、石材や書体は異なっている。藩の指示のもとに郡ごとに造られたと思われる。一般に、犠牲者を弔う供養塔は、村や民間の有志・僧などによって建てられる場合がほとんどだ。「一郡一基の塔」の碑文には「夫《それ》民は国の本なり」とある。藩が犠牲者を供養するのは、そのためだ。藩主導の建碑は、民間から復興への協力を引き出すためのデモンストレーションであったに違いない。

もう一つは、供養を目的とせず、純粋に津波の様子と教訓だけを伝えることを目的とした「教訓碑」が建てられたことだ。この碑は、飽田郡の惣庄屋たちが民間の「寸志」で費用を集め、碑文の撰述を藩に願い出たものである。碑文は、藩校時習館《じしゅうかん》の教授であった高本紫《たかもとし》溟《めい》（李順《りじゅん》）が書いた。碑の四面にびっしりと和文で記されている。往還筋で人の出会いも多いという理由から、船津《ふなつ》村の厳島《いつくしま》神社参道口に建てられた【写真13】。この碑は、民間と藩とが合作した教訓碑なのだ。建碑を願い出た惣庄屋の一人である鹿子《かのこ》木《ぎ》量平《りょうへい》は、自らも「寛政四年四月朔日高波記」を著している。のちに八代《やつしろ》海干拓にも活躍する地域リーダーだ。

島原大変は、熊本地域で藩と民間が協力して地域復興に取り組む大きな契機になった。それは、こうした建碑から始まった。

「藩政改革」の行方

藩や地域が自力で災害に対処できる体制を作ることは、幕府にとっても藩にとっても喫緊の課題になっていた。そのためには、民間の力を結集することが不可欠であった。一八世紀後半の宝暦期以降、こうした方向での藩政改革が各地で行われるようになる。

この時期各地で行われた藩政改革は、明確な理念を持つ藩主や家老が指導力を発揮する「明君・賢宰」型の政治体制、農政や理財に明るい中下級家臣の抜擢、倹約と御用金を柱とした財政健全化策、特産物生産の推進、藩校の創設による藩政の担い手となる家臣の養成など、共通する内容を持っていた。東北の米沢《よねざわ》藩における上杉治憲《うえすぎはるのり》(鷹山《ようざん》)の藩政改革などが代表的な例としてあげられる。

ここからは『新熊本市史』によりながら、九州地方の大藩である熊本藩を取り上げて、地域社会の動向を追ってみよう〔新熊本市史編纂委員会 2003〕。

熊本藩では、享保の飢饉以降、人口が減少し、不耕作地が増大するなど、農村の荒廃が進んでいた。これにより、藩財政も窮乏した。こうした状況の改革に乗り出したのが、「明君」と呼ばれた細川重賢《しげかた》であった。重賢による改革は、堀平太左衛門《ほりへいたざえもん》を大奉行《おおぶぎょう》に抜擢して推進されたもので、当時の年号をとって「宝暦改革」と呼ばれる。その内容は次のようであった。

①大坂御用達（加島屋作兵衛《かしまやさくべえ》）へ廻米売却などを委託するとともに、大坂で資金調達を行うこと。

②櫨《はぜ》・楮《こうぞ》などの生産を奨励し、それらの領外移出を禁止して、櫨方・紙楮方による専売制を行った。

③「地引合《じひきあわせ》」を実施して、帳簿上の耕地と実際との差違を把握し、実態に即した確実な年貢収納をめざした。

④金融活動を通じた商人からの上納金の増加を図る。

⑤藩校時習館を創設し、家臣の綱紀粛正《こうきしゅくせい》と人材登用を進める。医者の再教育機関として再春館《さいしゅんかん》を設けるとともに、藩営の薬園を作って、薬草の普及に努めた。

この改革により藩財政は一時回復する。しかし、その成果も長続きはしなかった。熊本藩では、その後も「改革」が繰り返される。しかし、そこではいつも「宝暦改革」への回帰が目標とされ、具体的な施策もその枠を出るものではなかった。

そして、天明の飢饉である。熊本地方でも天明四年（一七八四）の春麦から不作で、おまけに疫病も流行した。くわえて熊本藩は幕府から関東諸川修復の御手伝を命じられる。先に触れた、浅間山噴火からの復興をめざす普請である。この負担が藩から飢饉に対処する余力を奪った。天明六・七年には米価が高騰し、熊本城下で打ちこわしが起きる。さらに翌天明八年には禁裏造営のための上納金二〇万両が課せられた。この御所再建のことも先に触れている。

疲弊する村

一八世紀は、打ち続く災害のために、全国的に人口が停滞もしくは減少した。年貢を納められない百姓は耕作権を手放し、小作や諸稼ぎなどで生活を支えたが、やがて堪え切れなくなって、村のなかから姿を消した。年貢不納者に貸し金をし、土地を集積して地主になる者もいた。年貢未納のまま欠落《かけおち》した者の耕地などは、村の責任で耕作して年貢を納める惣作地《そうさくち》になった。しかし年貢の総額を村単位で責任を持つ「村請制」のもとでは、惣作地や不耕作地の拡大は、村の負担の増大となった。村では、領主からの拝借金や豪農商からの辻借《つじが》りによって、年貢未進に対応したが、こうした対応は村本来の相互扶助機能を後退させることになった。一八世紀の後半以降、村の疲弊が目立つようになる。

他方、領主による買米の強制や商品作物生産の奨励は、余力のある百姓にはプラスに働くこともあったが、一般の百姓経営にとっては両刃《もろは》の剣であった。もともと農業経営は、年貢負担のための米・麦・大豆の生産、雑穀を含めた自家食料生産、金銭収入のための換金作物生産の三つがバランスよく行われるのが理想であった。しかし、領主による米麦や商品作物の生産強制は、このバランスを破壊し、とくに凶作時には自家食料の確保を困難なものにした。それは個々の百姓の「家」にとどまらず、村としての食料不足にただちにつながるものであった。村では領主の指示に従って飢饉に備えた備蓄に努めたが、その余裕のない村も少なくなかった。

こうして、領主や村外の豪農商に依存せざるをえない状況が広がった。村に替わって、村々の連合（組合村）やそれを基礎とした地域結合が人びとの「いのち」を守る「公共」機能を期待されるようになるのは、このためであった。

繰り返す災害と御手伝

寛政四年（一七九二）の「肥後迷惑」による熊本藩の損亡高は、三六万九〇〇〇石にのぼった。藩では幕府から三万両を拝借するとともに、江戸・大坂の御用商人からの借入によって、膨大な支出に応えようとした。しかし、それでも財源不足は解消されず、一種の手形流通である「御銀所預《ごぎんしょあずかり》」を行うことで当座の現銀不足を補った。

ところが寛政八年六月に再び大洪水に襲われ、この年の損亡高は三六万二〇〇〇石になった。「肥後迷惑」に匹敵する被害だ。藩では、江戸・大坂の御用達商人から借入するとともに、領内の富裕層から「格別才覚銀」の借入を行った。さらに「御銀所預」も濫発《らんぱつ》されたため、領内の経済が混乱した。

享和二年（一八〇二）段階の藩財政を見てみると、収入は三四万六〇〇〇石であるのに対して、支出は四九万六〇〇〇石で一五万両の赤字。支出のうち一二万石余は「借物払《しゃくもつばらい》」（借金の利息などの返済）であり、これは収入の三五パーセントにあたる。この年の借財総額は一一七万両余、内訳は江戸・大坂が六〇万両、領内が五七万両であった。このうえに、享和三年には幕府から関東河川普請御手伝が命じられ、金八万四六七一両を負担した。

文化年間（一八〇四〜一八）にも財政健全化の努力が続けられた。しかし、そうは言っても従来の対策以上の妙案があるわけではない。倹約により総支出を抑制する一方で、大坂での借財を永年賦返済に切り替える交渉を繰り返して、その整理に努めた。それによって、領内の富裕層に依存する度合いは高まる。しかし、財政再建の道は遅々として進まない。

文政二年（一八一九）日光霊廟《れいびょう》修復御手伝を命じられて幕府に七万四〇〇〇両を上納、文政一一年は風水害によって、損亡高が三七万石余となるなか、翌文政一二年にはまた関東河川普請御手伝を命じられ、七万両余を上納した。

惣庄屋による「勧農富民」

一八世紀の後半以降、地域の富裕層の存在感が増すことは、これまでもたびたび触れている。熊本藩でも、「宝暦改革」以降、「御家人」や「在《ざい》御家人」の制度化と活用が進んだ。「御家人」というのは、戦国時代の地侍《じざむらい》に出自を持つような百姓を取り立てて、地域行政の末端に組み込もうとするものであった。また、「在御家人」は「寸志」献納などにより褒賞されて苗字・帯刀を許された地域の有力者である。この両者は、「家中」を構成する家臣とも一般の百姓・町人とも異なる、いわゆる「中間層」であった。初めはその出自から両者は区別されていたが、やがて「在御家人」に一本化される。藩では、惣庄屋のもとに「在御家人」を結集させることで、家中の役人を減少させ地域行政を民間に委託する方向を進めたと評価されている〔新熊本市史編纂委員会 2003〕。惣庄屋は二〇か村程度からなる手永を管轄する役人で、他地域での大庄屋などと同じような存在であった。

「寸志」は「わずかばかりのこころざし」とか「ささやかな進物」という意味で（『日本国語大辞典』）、熊本藩では民間から藩への献納金をこのように呼んでおり、他の藩、たとえば岡山藩でも延宝・天和の飢饉のころから「寸志」の語が見える。熊本藩で「寸志」の事例が確認されるのも一七世紀後半のようだが、本格化するのは「在御家人」取立と結びつけられる「宝暦改革」以降だという。とくに天明期以降は、目的を明示した「寸志」が増加する。その一つは「難儀者取救寸志《なんぎものとりすくいすんし》」で、天明の飢饉以降、災害のたびごとに醵出が行われた。この「寸志」は人数は少ないが、一人あたりの醵出額の多いのが特徴で、「寸志」が褒賞や身分上昇につながることが多かった。もう一つは「御手伝寸志」で、浅間山噴火による御手伝普請のとき以来、幕府から御手伝を命じられるたびごとに民間に呼びかけられた。一人あたりの額は少ないが、広範な百姓・町人の参加があった。いずれの「寸志」も窮乏する藩財政を補助する目的で行われたものだが、藩政に民間力を動員する契機になったことは間違いない。

こうして惣庄屋の周りに「在御家人」などの有力者のネットワークが形成されることになった。惣庄屋は、零落した村の立て直しのための質地請返《うけかえし》、耕地の拡大・安定化をめざす新田開発や土木工事などの事業の資金として、「在御家人」から「寸志」を募集し活用した。豪農商に「捨《す》て方《かた》寸志」という名目で百姓への債権を放棄させ、債務に苦しむ百姓が土地を手放したり欠落したりすることのないよう配慮したりもした。「寸志」を活用したさまざまな「勧農富民」策は、地域の実情を熟知した惣庄屋ならではの対応であり、かれらの努力によって農村の疲弊はわずかでも緩和されることになった。

2 天保の飢饉と地域社会

一八世紀から一九世紀への変わり目から、地震列島の活動が次第に活溌化する。ついで天保の飢饉をはさんで、幕府も藩も体制の建て直しを図って「改革」に取り組む。そのいずれもが十分な成果をあげられないなかで、民間への依存だけが深まる。災害の繰り返しは人びとの不満を募らせ、不平武士と民衆が結びつく新しい形の騒擾《そうじょう》も芽生《めば》える。災害対応をめぐる地域間の差が目立つようになる。

寛政から文化・文政期の地震災害

寛政五年（一七九三）一月七日、三陸磐城地震津波が起きる。M八・〇～八・四。大船渡《おおふなと》では二・七メートルの津波があった。全体で潰れたり流失したりした家が一七三〇軒余、死者は四四人以上であった。

寛政一一年五月二六日、金沢地震。M六・〇。金沢の北東に延びる断層の活動によるとみられている。金沢城下で、潰家二六軒、損家四一六九軒、その他領内での潰家九六四軒、損家一〇〇三軒、死者は全体で二一人であった。

文化元年（一八〇四）六月四日、象潟《きさかた》地震。M七・〇。名所として知られた象潟は、隆起して陸や沼となった。酒田では液状化によって地割れが起こり、井戸水が噴出した。潰家五〇〇〇軒以上、死者は三〇〇人を超えた。

文化七年八月二七日、男鹿《おが》半島地震。M六・五。潰家一〇〇三軒、損家七八七軒、死者は五七人とも一六三人ともいう。各地で地割れにより泥が噴出、八郎潟《はちろうがた》の西岸が一メートル近く隆起した。

文政二年（一八一九）六月一二日、近江地震。M七・〇～七・五。近江八幡で被害が大きく、潰家一〇七軒、半潰家一三一軒、死者は五人であった。また、膳所では五〇軒が倒壊し、九〇人の死者が出たという。ほかに尾張・若狭・大和・摂津でも被害があった。

文政一一年一一月一二日、越後三条地震。M六・九。液状化により多くの家が倒壊した。潰家一万二八〇〇軒余、死者は一六〇〇人余。三条町では地震後の火災で一〇〇〇軒以上が焼失した。被害地は、高田藩・長岡藩・村上藩・高崎藩・桑名《くわな》藩（飛び地）・新発田《しばた》藩などの領地にまたがっており、各藩では被災者に扶持米を支給するなど救済に努めた。天保四年（一八三三）一〇月二六日、庄内沖地震津波が起きる。M七・五。秋田・本荘《ほんじょう》・酒田・鶴岡などで潰家多く、死者は全体で一〇〇人近くになった。蝦夷地から隠岐《おき》まで広く津波が寄せ、波高は庄内で最大八メートル、佐渡五メートル、隠岐二・六メートルという。

この時期も日本列島は地震活動の活潑な時期であった。文政一三年は三月ころより、上方や四国から伊勢をめざす人びとが目立ちはじめ、たちまち御蔭参りの大流行となった。前回の明和の御蔭参りから六〇年目にあたっていた。着のみ着のまま金銭も持たずに参詣する人に、各地で施行が行われた。大坂では徳島藩主や豪商鴻池による施行もあった。この年の参詣者には女・子どもが多く、異性装や異形の出《い》で立ちの者も目立った。一行には「解放感」が溢《あふ》れていた。参詣総数は江戸時代最大の四二七万六七〇〇人を数えた。この年七月二日京都で地震。M六・五。京都で死者二八〇人という。頻繁な余震が続いた。一二月一〇日、「天保」と改元される。

天保の飢饉

文政末年から天保初年にかけて、東北地方では不作の年が続いていた。とくに天保三年（一八三二）の冷夏の影響は大きく、飢饉必至の状況となった。天保四年になると春から在

年　代	百姓一揆	都市騒擾	村方騒動	計
天保元（1830）	23	7	22	52
2（1831）	29	3	36	68
3（1832）	19		33	52
4（1833）	72	23	38	133
5（1834）	30	11	30	71
6（1835）	12	3	32	47
7（1836）	98	31	42	171
8（1837）	55	14	43	112
9（1838）	18	2	30	50
10（1839）	13	1	26	40
11（1840）	7	1	29	37
12（1841）	12		35	47
13（1842）	24	5	30	59
14（1843）	21		25	46
不　詳	12	1	14	27
計	445	102	465	1,012

表14　天保期の年次別一揆件数
出所：青木〔1981〕より.

地を離れて流浪したり、餓死する者が増加する。以後、天保九年までほぼ連年凶作・飢饉が続いた。いわゆる「天保の飢饉」である。この飢饉は数年間におよんだが、凶作・飢饉の程度は地域や年度によってまちまちであった。餓死者数は明確ではないが、菊池勇夫は一〇万をくだることはないとみている〔菊池 1997〕。

食料危機が深刻化すると、貧困層から安売りや施行を求める有形・無形の圧力が起きる。これによって豪農商が合力して施行が始まる。領主の側では、備蓄米の放出、他領からの買米や津留などで領内に食料を確保するとともに、状況に応じて扶持米の支給や施行を行う。こうした一連の対応は、享保以来の度重なる飢饉のなかで、社会のなかに「慣行」のように組み込まれていて、ある程度の救済機能を果たすようになっていた。それが、さまざまな様相をとりながら各地で展開し、この飢饉の被害を抑えることにつながった。

豪農商や領主が救済に消極的な場合には、一揆や打ちこわしが起きる。天保飢饉の間は前後の時期に比べてもそうした騒擾の件数が多い〔青木 1981〕。【表14】にその状況を示した。とりわけ飢饉が深刻であった天保四年と天保七年に突出していることがわかる。騒擾は、施行を引き出す最終的な手段であった。実力行使が救恤を引き出すというのも、享保の飢饉以来、社会的な救済システムとして認められるようになっていた。一揆や打ちこわしをする体力も気力も、集合力も失われたとき、餓死が広がるのだと菊池勇夫は言う〔菊池 1997〕。

飢人の流浪する範囲が広域化するのは、天保飢饉の新しい特徴であった。この飢饉では飢餓状況や救済対策に地域差があり、少しでも余裕のあるところをめざして飢人が流浪する範囲が広まった。遠方を含めた情報の流通が機能していたのだろう。領主や地域の規制を乗り超えて、御救小屋には遠方からの飢人も押し寄せる。もともと縁のある領内や地域の人を対象にした施行が、「無縁」の飢人をも救うようになった。

大塩の乱

飢饉の深まった天保七年（一八三六）は天保年間でも最も騒擾が多く起きた年であった。全国各地で、一揆九八件、打ちこわし三一件が知られている。翌天保八年二月一九日、元大坂町奉行所与力《よりき》で陽明学者としても知られた大塩平八郎《おおしおへいはちろう》が「救民」の幟《のぼり》を立てて蜂起した。

大塩は、事前に大坂周辺の農村に蜂起を呼びかける「檄文《げきぶん》」を配布していた。その「檄文」は、「四海こんきうらいたし候はば天禄ながくたたん、小人に国家をおさめしめば災害幷《ならび》至《いたる》と。昔の聖人深く天下後世人の君・人の臣たる者を御誡《いまし》め置かれ候」という文章で始まる。明確な「天譴」論だ。打ち続く災害・飢饉のため大坂の米価は高騰し、困窮人が増大し

ている。にもかかわらず、奉行や役人は「天災・天罰」を見ても「得手勝手」「不仁」の政治を改めることもなく、「金持共《ども》」も米の買い占めをして飢餓人を救おうともしない。この役人・金持を誅罰《ちゅうばつ》するとともに、金米を諸人に分配し年貢諸役を軽減して、「中興神武帝《じんむてい》御政道の通り、寛仁大度《かんじんたいど》」の政治を実現するのだと言う。こうした大塩の主張に賛同した人び

写真14　大塩一党進軍の図
出所：『出潮引汐奸賊聞集記』.
所蔵・写真提供：大阪歴史博物館.

とは少なくなかった。事件は半日足らずで収束したが、参加者の摘発は峻烈《しゅんれつ》を極め、処罰者は、武士三〇人、百姓六四〇人におよんだ。

この事件には、いくつかの新しい特徴を認めることができる。

一つは、従来の一揆や打ちこわしとは異なって、大砲なども使った武力蜂起であったこと。大塩勢の攻撃対象や要求は従来の騒擾と異なるものではなかったが、火器の攻撃で町中に大火災を引き起こしたことなど、社会的混乱そのものを目的としたような行動は、明らかに従来とは異なっていた。当時の社会には、打ちこわしが施行を引き出すという慣習がシステムとして埋め込まれていたが、大塩の行動はそのシステムの作動を目的にしたものではなかった。むしろ、その破壊を狙《ねら》ったものだと言えるかもしれない。この事件が「乱」と呼ばれるのはそのためだろう【写真14】。

二つは、政治の「改革」を求める武士層と百姓などとの結合が実現したこと。これまでも政策の変更や政権担当者の交替を求めて、武士や庶民がそれぞれ別々に行動することはあったが、両者が明確に結合して行動することはなかった。もちろん両者の間の主導権は武士の側にあった。そのことが、行動や目的を規定したことも間違いない。百姓一揆には見られない武力蜂起という形態も、その現れであった。

大塩が自殺した後も、大塩逃亡説や生存説が根強く残った。それは人びとの「世直り」への期待の現れでもあった。天保期以降も、一揆や打ちこわしといった従来のシステムに沿った騒擾は活潑であり、伝統的な「世直り」を求める観念や行動も深化する。同時に、「大塩の乱」のような動きが起きることによって、従来の行動も変化する。

「大塩蜂起」の風聞は、たちまちのうちに東北から九州の果てまで広がった。それだけ衝撃的な事件であった。実際の騒擾にも影響が現れる。四月に備後三原《みはら》で起きた一揆では、「大塩平八郎門弟」の幟が掲げられた。六月、越後柏崎の国学者生田《いくた》万《よろず》が「大塩与党」を名乗って蜂起する。七月には、摂津能勢《のせ》で「徳政大塩味方」を称する一揆が起きている。やはりその衝撃は計り知れないものであった。

天保から嘉永期にかけての熊本藩

天保飢饉の様相が地域によって異なっていたことは先にも触れた。引き続き熊本藩の場合を追ってみよう。

熊本藩では大坂商人からの借財が財政の桎梏《しっこく》になっていた。そのため、大坂御用達商人の意向には逆らえず、豊凶に関わりなく一〇万石以上の大坂廻米が強行されていた。そのため、天保二年（一八三一）の風水害や天保七年の飢饉のときには、食料不足から城下町で打ちこわしが起きている。他方、領内の食料に余裕があるときには、大坂での米相場の高騰が有利に働き、利益を領外債務の返済に充てることができ、御用達商人との関係も改善に向かうようになった。こうして藩財政は一時的に小康状態となったが、大坂依存体質の限界は明らかで、そこからの脱却は急務であった。あわせて領内政情の安定化のためにも、惣庄屋・「在御家人」などへの依存度が高まった。

飢饉のさなかの天保六年九月一九日に、藩校時習館の訓導屋敷が放火されるという事件が起きた。藩政の改革を求める伊藤石之助・大塚仙之助らの若手家臣が起こしたもので、放火にあわせて百姓一揆を起こす計画であったことが露見する。事件では、武士一九人、百姓六六人が処分された。改革派の武士と百姓が結びつくという構図は、「大塩蜂起」と同じものであった。改革派は、しばらくなりを潜めていたが、天保一二年ころから横井小楠《よこいしょうなん》を中心に「実学党」を結成し、活潑に動き出した。

弘化《こうか》・嘉永期(一八四四〜五四)になると米価の低落傾向が続き、藩財政は再び悪化する。しかし、藩の対策は「宝暦改革」以来の枠を出るものではなかった。他方、「実学党」も方針をめぐって分裂し、やがて小楠が越前《えちぜん》福井藩主松平慶永《よしなが》に引き立てられて熊本を去ると、解体した。

嘉永六年(一八五三)ペリーが来航する。熊本藩は幕府から武蔵国本牧《ほんもく》の警備を命じられた。ついで担当は浦賀《うらが》に変更されるが、こうした海防のために多くの出費が必要になる。この年以降毎年のように「海岸防備御手伝」のための「寸志」が領内で募集される。しかし、度重なる「寸志」要請は民間力の疲弊をもたらし、惣庄屋や「在御家人」層に不満が蓄積する。藩として有効な手を打てないまま、家中の分裂が深まる。こうした状況は、多くの藩で共通するものとなっていた。

仙台藩の動向

天明飢饉以降の東北地方にも目を向けてみよう。

仙台藩も人口減少と農村の疲弊は深刻であった〔仙台市史編さん委員会 2004〕。寛政元年（一七八九）四月、天明期に行われていた「国産方会所」が廃止された。これは特産品を領内から問屋のもとに独占的に買い請け、江戸などに直接に送って販売する制度であったが、生産者には不満が多く、抜け荷が横行するなど弊害が大きかった。藩ではこれを廃止して自由売買を認め、替わりに領外移出品に「八分一役《はちぶいちやく》」（一二・五パーセントの税）を課すこととした。寛政五年の三陸磐城地震津波では、一〇六〇戸余が倒壊し、一二人が死亡した。

寛政七年ころから大坂の升屋《ますや》が蔵元・掛屋の役割を果たすようになる。升屋は藩への資金調達を行うとともに、藩米の売買を一手に任された。一種の藩札である「升屋札」の発行も行った。しかし、蝦夷地への出兵や日光普請役など幕府への御手伝も重なり、藩財政は一向に改善しなかった。藩と升屋は年期ごとに返済交渉を繰り返し、資金提供は継続されたが、文化一一年(一八一四)には借財総額は四二万両余となった。この年の交渉以降、升屋は国元での藩の経費にも直接関与するようになる。

天保四年(一八三三)飢饉が本格化すると、藩は払い米(蔵米の放出)をしたり、他領から買米したりして、食料の確保や安売りに努めた。買米のために城下の豪商から「貸上《かしあげ》」という名目の献金を募ったり、かれらに飢人への施米を促したりした。天保五年升屋が蔵元を辞退し、大坂豪商との金融貸借関係が中断する。救恤のためには地域の有力者に頼るしか道はなかった。天保四年の時点ではあるが、民間から藩への献金者は二五二人、うち三五〇両以上の者が五人、五〇両未満の者が一〇四人であった。肩書きを見てみると、村役人が七一人、一般の者が一六七人である。

天保五年の作柄はやや持ち直したが、翌天保六年は平年の半分以下になった。同年六月二五日にはM七・〇の地震が起きる。以後余震が続いた。

天保七年、佐藤助右衛門《さとうすけえもん》が勘定奉行に抜擢される。佐藤は城下町の呉服太物《ふともの》商人で献金によって武士に取り立てられた、いわゆる献金侍であった。佐藤の発案で「御救助方万人講《ごきゅうじょかたまんにんこう》」が組まれる。これは領内の有力者から一口一〇両で二五〇〇口を募り、「富くじ」方式で運用して「貧民御救」資金一万両を捻出《ねんしゅつ》しようという仕法であった。同年一二月には城下金勝寺《きんしょうじ》に「流民御救」のための小屋が設けられ、町方からの合力も行われた。また佐藤は松皮餅《まつかわもち》の施行も行った。これは松皮と米粉を混ぜて作った救荒食物で、松皮を藩で買い上げて普及を図った。救恤に熱心であった佐藤は、「お助け様」と呼ばれたという。

仙台藩の献金侍

天保飢饉のなかで、仙台藩では民間からの献金に頼る度合いが高まった。献金者には、苗字・帯刀が許されたり、家臣や「郷士」に取り立てられる者もあった。こうした動向は先に見た熊本藩と同様の状況だ。それは、豪農商にとっては身分上昇欲求を満たすものであり、藩にとってはかれらの財力と知識を藩政に活用しようとするものであった。

献金侍たちは、単に献金をするだけでなく、地域振興のためにさまざまな活動を行った。これも熊本藩と同様である。佐藤大介《だいすけ》によれば、それは次の四つにまとめられるという〔佐藤 2009〕。

一つは、新田開発や荒所起返《あれしょおこしかえし》などを通じて荒廃した農村の復興に努めたこと。また、治水や街道の整備といったインフラ整備にも取り組んでいる。

二つは、備蓄蔵の建設や貯穀の提供など。救荒備蓄のための取り組み。あわせて、仙台藩では先にも述べたような「赤子養育仕法」が行われていたので、「赤子制道役」となってこの制度の推進を図った。

三つは、荒廃した山林を復興するための植林に多くの者が関わったこと。

四つは、漆《うるし》や楮などの商品作物栽培・加工に携わり、地域産業の展開に努めた。

さらに佐藤大介は、かれらの行為が、「私欲一筋」を否定し、「天下へ勤める理」と意識されていたことに注目する。これは、領主が献金などを促す論理であると同時に、豪農商がそれに応じる意識でもあった。「私」ではなく「天下」に奉仕するという「公共」意識が地域に広がったと評価できるだろう。

しかし、かれらの力にも限界はあった。弘化元年（一八四四）大坂商人から借り金が再開される。ついで嘉永六年（一八五三）に借り金は再び途絶えるが、江戸蔵屋敷での藩米の売却には安政六年（一八五九）まで升屋が関わり続けた。右往左往しながら一進一退の財政運営が続いた。

出羽村山「郡中」の動向

天明飢饉に際して、穀留の郡中議定を行って食料確保を図った出羽国村山地方では、その後も断続的に「米穀他国他郡出差留」の議定が繰り返された〔青木 2004〕。いま確認できるものをあげてみると、文化一〇年（一八一三）、文政八年（一八二五）、文政一一年、文政一三年、天保二年(一八三一)のものがある。これらによれば、村山地方では文政末年から凶作が続いていたことがわかる。議定では、商品作物の菜種作を禁止して麦作を奨励したり、平時から備蓄に努めることを定めたりしている。

天保四年、飢饉が本格化すると「郡中」では改めて穀留の議定を行った。しかし、他国他郡からの米買い商人の流入はやまず、盗賊も横行した。それだけ事態は深刻であったのだろう。他国他郡から親類などを頼って入り込んだ者を置くことも、厳しく禁じられた。何事にも村役人の不取締りが咎められ、村々での取締りの強化が命じられた。議定からの逸脱行為が「自国の差支《さしつかえ》も顧りみず、聊《いささか》の私欲に泥《なず》み候もの」とされ、「私欲」が強い口調で非難される。そこには、「郡中」が分裂するのではないかという危機感すらうかがえる。

どの藩も地域も、食料確保に必死であった。仙台藩では酒田湊に肥前・肥後米が入津するとただちに買い占め、一万五〇〇〇俵を確保した。新潟湊にも西国米の買い付けに東北諸藩が殺到した。秋田藩からは一五〇〇人余が詰め合わせて、「鑓先《やりさき》にても請取べし」などと叫んで、他藩の者と小競り合いになることもあった。天保七年、最上《もがみ》領では仙台藩に対して厳しい穀留を実施した。これは前々年に仙台藩が最上領に対して穀留を行ったことへの報復であった。最上領に買米に入った仙台商人が打擲《ちょうちゃく》される事件も起きている。ここにきて、地域間の矛盾も激化した。

出羽国最上郡南山《みなみやま》村庄屋の柿崎弥左衛門《かきざきやざえもん》は、天保飢饉の状況を詳しく書き記し、子孫への「形見」とした（『天保年中巳荒子孫伝《しこうしそんでん》』）。その「大尾《たいび》」を「欲は一旦《いったん》利あるに似て、終《つい》に悪報来る。人の為に善を積めば、一旦は損あるに似て、福報来るべし。我が子孫の者、足る事を知らば、人の為にはかりてまめなるべし」と結んだ。すすんで困窮者への施行に努め、「慈悲」を信条とした。弥左衛門にとっても「家」の存続は至上命題であった。しかし、だからこそ「私欲」を抑えて他人のために尽くすべきであった。「積善」と「知足」が、かれらの「公共」意識を支えていた。

また弥左衛門は、郡代屋敷で大坂からの情報に触れ、大塩の「檄文」をはじめ事件の詳しい状況を記録した。そして最後に、「此の大塩平八郎父子御召捕に相成り候段、御触これ有り候えども、焼死に候とも、又は水死致し候とも、嶋（蝦夷嶋）へ渡り候節、大船へ金銀米等沢山積み入れ、行方知れずとも、又は松前へ渡り候とも、実説さだかこれ無く候」と記す。弥左衛門も、こうした噂に「世直り」への予感を共有したに違いない。何かが動いていた。

「天保の改革」の挫折

「寛政の改革」以降、幕府は対外的な緊張もあって積極的な国内政策を打ち出せないでいた。将軍家斉は在職も五〇年の長きにわたり、もうけた子女も多かった。子女たちは養子や正室として大名のもとに縁付いた。家斉は、こうした「続柄」大名を、拝借金の貸与、加増や有利な領地替え、家格の上昇などによって優遇した。天保八年（一八三七）家斉は将軍職を子の家慶《いえよし》に譲ったが、引き続き大御所として幕府の実権を握った。「公儀」の私物化とも言える状況に不満が広がった。

天保一二年閏正月、家斉が亡くなる。すでに老中首座に進んでいた水野忠邦《みずのただくに》は将軍家慶の支持を得て、「大御所政治」との訣別《けつべつ》を宣言した。「天保の改革」が始まる。その主な内容を列挙しておこう。

一つは、川越・長岡・庄内の三藩の間での「三方領知替え」を撤回したこと。これは家斉の「続柄」大名優遇策の一つであったが、庄内藩民の一揆など反対運動もあり、家慶・忠邦は「天意人望」に従うと称して、これを撤回した。ただしこれは、転封を強要できないという点で「公儀」の力の衰えを示すことにもなった。

二つは、株仲間解散令。これは、株仲間の持つ特権を否定し、自由売買によって物価引き下げを狙ったものであったが、実際には流通の混乱を招いただけで、効果は得られなかった。

三つは、物価騰貴の原因とされた質の悪い文政金銀への改鋳《かいちゅう》を停止したこと。ただし、損失覚悟の良貨への改鋳は、幕府の財政状況から言っても、もはや不可能であった。

四つは、「人返し」や風俗・出版の統制など江戸の治安対策を強化したこと。とくに文化・文政期にはやった芝居・錦絵・草子類への規制を強め、勧善懲悪を主題とするよう強制した。

五つは、「御料所改革」と呼ばれるもので、勘定方役人が直接幕府領村々の支配に介入し、年貢増徴を図った。

六つは、海防政策の強化。「異国船打払令」を廃止して「薪水給与令《しんすいきゅうよれい》」を出し、あわせて江戸湾防備の御手伝を大名に命じた。また大筒隊《おおづつ》を結成し、蒸気船の輸入も企画した。

七つは、大坂の豪商に命じて一〇〇万両の御用金を徴収する計画を立てたこと。

八つは、新潟を幕府領に上知させるとともに、江戸・大坂一〇里四方の上知を命じたこと。しかし、この命令は多くの藩や住民の反対を受け、結局忠邦の命取りになった。

天保一四年(一八四三)閏九月、幕府は上知令を撤回し、水野忠邦を老中から罷免した。「改革」は「見事なまでの失敗」であったと藤田覚は言う〔藤田 1995〕。この失敗により、「公儀」としての幕府の権力と権威は大きく失墜することになった。

3 安政の大地震と「世直り」願望

弘化（一八四四〜四八）から安政（一八五四〜六〇）にかけては、各地で大きな地震が続いた。やはり地震列島の活動期と言ってよいが、江戸時代を通じて民間や地域に蓄積されてきた災害への対応力はそれなりに減災に役立つ。その間にペリーが来航し幕府は「開国」に踏み切る。政治と経済の混乱から社会不安が広がり、民衆の「世直り」願望も高まる。そのなかで時代は明治維新へと推移する。

善光寺地震

弘化四年（一八四七）三月二四日、善光寺《ぜんこうじ》地震が起きる。M七・四。内陸の比較的浅い活断層による地震で、激しい揺れと液状化で多くの家屋が倒壊した。

善光寺門前町では、二二八五軒が倒壊、火災によって二〇九四軒が焼失した。死者は一四〇三人、本尊開帳に参詣していた一〇二九人も亡くなった。飯山藩では、城下で潰家一八五軒、焼失八〇八軒、死者三九三人、領内では潰家三三一七軒、半潰七七八軒、死者一二二人であった。また松代藩では、全半潰家屋一万二四一九軒、死傷者は四九九三人にのぼった。

地震によって約四万か所で土砂崩壊が起き、少なくとも九〇か所以上で土砂が河川をせき止めた。そのうち最大のものは虚空蔵山《こくぞうさん》の崩落によるもので、犀川《さい》をせき止めて多くの村を水没させた。さらに一九日後にこのせき止め湖が決壊し、下流の千曲川《ちくま》一帯は大洪水となった。これによる流失家屋は八一〇軒、土砂流入二一三五軒、死者は一〇〇人以上になったという〔中央防災会議 2007〕。

善光寺地震の被害は多くの藩にまたがり、死者も八〇〇〇人を超える甚大なものであった。幕府は松代藩に一万両の拝借金を下賜するとともに、千曲川の復旧工事も費用の一割を幕府が負担し、残りを「国役普請」として実施することとした。享保期と同じ方式だ。停止されていた「国役普請」が一時的に復活したかたちであった。普請には被災した住民が動員され、その賃銭が扶持米の替わりとなった。これも従来の「慣例」にならっている。

この地震では、災害を知らせる多くの瓦版が発行された。情報の広がりが人びとの関心をよんだ。被災した地元で板行された瓦版が多かったのも、このときの特徴である。以後、流行病を含めた災害関係の瓦版が爆発的に増加する。

嘉永三年の水害

洪水の原因としてはまずは台風が考えられる。日本列島は、今も昔も毎年何回かは台風の被害を受けている。ほかには梅雨末期の集中豪雨が洪水をもたらすことも少なくない。嘉永三年（一八五〇）六月一日は、現在の新暦では七月九日にあたっている。このときの集中豪雨が西日本各地に大きな被害をもたらした。

備中国を流れる松山川（現高梁川）は、六月一日に中流域左岸の軽部《かるべ》村で破堤し、さらに二日後の六月三日には下流域左岸の安江《やすえ》村・四十瀬《しじゅうせ》村で破堤した。これによって川の東側の幕府領や旗本領、岡山藩領などあわせて七〇か村余りが冠水した。このあたりは江戸時代になってから干潟を干拓して耕地が作られた地域であり、それが全く元の「海」に戻ったようであった。水没した耕地は、ゆうに一〇〇〇町歩を超える〔倉敷市史研究会 2003〕。

こうした新田地帯では、領主支配の異なる村同士が用水組合を作り、さまざまな取り決めを行っていた。洪水時には田の畦《あぜ》などを切って排水する約束も村々の間で決められていた。日ごろから洪水への備えができていたのだろう。冠水面積の広さにもかかわらず、人命の損害は記録されていない。

緊急時の人命救助などは領主の支配境域を超えて行われたが、災害からの復旧は支配単位ごとに行われた。四十瀬村は岡山藩領であったので、藩が近隣の郡から延べ二万人の人夫を動員し、被災した村々からは女・子どもを含めて普請に参加させ、それぞれに夫役米を支給した。これは、例によって被災者への救済措置でもあった。

安江村は幕府領であったので、その堤の修復は倉敷代官所によって行われた。ただし、最初の修復のための明き俵《あきだわら》は岡山藩から提供を受けており、領主を超えた協力も行われた。その後は幕府領の俵も讃岐《さぬき》国直島《なおしま》などで調達される。倉敷や周辺の村では、豪農商が醵出して被災者への施行が行われた。

冠水した耕地からの排水に二五日ほど、破損した堤の修復には一か月半ほどを要した。近年にない大洪水であったため、この経験を後世に伝えようと村々で災害記録が作られ、被害状況を示す絵図類もいくつか作られた【口絵2】。それらからは、災害への備えとして経験を伝えようとする江戸時代人の熱意がひしひしと感じられる。

安政東海・南海地震

嘉永六年（一八五三）六月三日、ペリー率いるアメリカ艦隊が浦賀沖に来航、外交・通商を求める大統領の親書を手渡した。ここから、幕末維新期の動乱が始まる。

同じ年の二月二日、小田原地震が発生。M六・七。潰家一〇八八軒、半潰二三〇四軒、死者二四人の被害が出た。山崩れ三四一か所。箱根山中の東海道は崩れて、三日間通行が途絶えた。

翌嘉永七年、再来日したペリーとの間に「日米和親条約」が結ばれる。幕府も諸藩も「海防」に追われるようになる。同年六月一五日、伊賀上野《いがうえの》地震。M七・〇~七・五。伊賀・伊勢・近江を中心に、潰家五七八七軒、半潰九一三八軒、死者一三〇八人。東海・北陸から中国・四国まで広い範囲で揺れを感じている。

同じ嘉永七年一一月四日午前一〇時ころ、駿河湾から熊野灘までの海底を震源域とする巨大地震が発生した。その約三〇時間後の五日午後四時ころ、今度は紀伊水道から四国沖を震源域とする巨大地震が続いて起きた。駿河トラフと南海トラフで連動して起きたプレート境界地震で、いずれもM八・四と推定されている。地震後、関東から九州までの広い範囲で大津波が押し寄せた。

四日の地震では、東海道筋の城下町や宿場町が大きな被害を受けた。山間部では各所で山崩れが起き、富士川では白鳥山《しらとりやま》の崩落で流れがせき止められ、その決壊によって河口部で大洪水となった。熊野地方の海岸には一〇メートルを超える大津波が押し寄せた。

五日の地震では、瀬戸内海沿いの町々でも家屋の倒壊や城郭の損壊が相次ぎ、紀伊半島や四国はやはり一〇メートルを超える大津波に襲われた。津波は瀬戸内海や豊後水道にも及んでいる。

この地震では、宝永地震が想起され、その教訓が生かされて被害をくい止めたところも少なくなかった。紀伊長島浦では、宝永津波で五〇〇余人の流死があったが、今回は四八〇軒余が流失したものの、流死人は二三人にとどまった。土佐の萩谷《はぎだに》や須崎《すさき》でも昔の言い伝えや記録があったため、それに思い至って我先に山手へ逃げ登って、怪我人もなく無事であったという。阿波浅川浦《あさかわうら》では宝永津波後に供養のための地蔵尊石像が作られ、経験が伝えられていた。そのため村人たちは用心していて被害はなかったという。この両度の経験を伝えるために浅川浦では改めて石碑を建立した。今回は被害がなかったためだろうか、供養の名号などもない、肥後の船津村のような純粋の「教訓碑」であった。

言い伝えだけでは覚束《おぼつか》ない。噂程度に思って油断していたために、流死した人も少なくなかった。紀伊国湯浅《ゆあさ》村では、そうした教訓を伝えるために新たに石碑を建てることにした。志摩《しま》国南張《なんばり》村の庄屋市兵衛は、記録の有無が被害の大小を分けるとして、他の村にならって経験を記録に残すことにした。こうして各地に多数の記録類が残された［倉地 2013］。

紀伊半島や大坂周辺では、四か月ほど前の伊賀上野地震に言及する記録が多い。そのときは内陸の活断層による地震であった。津波は起きていない。そのことを思い出して、今回津波が来るとは予想しなかった人も少なくなかった。そうした人が逃げ遅れて、被害にあったのだとする記録がある。山に登った人が落石で死亡し、舟で沖に逃れて助かった人がいたという言い伝えを信じて、山に逃げず舟で沖に出て亡くなった人もいたという。経験主義の陥穽《かんせい》と言ってよい。経験を正しく伝え、的確に行動することは、一筋縄ではいかないだろう。さまざまな事態に対する対応を、繰り返し繰り返し確認することが必要だ。

南海地震では大阪湾にも二〜三メートルの津波が押し寄せた。大坂や堺《さかい》には、宝永津波のときに小舟に乗って難を逃れようとした人たちが大船に押し潰されて多数亡くなったことが伝えられていたという。しかし、大坂ではその伝承が稀薄になっていたために、今度も小舟に乗って逃げ圧死や溺死した人が多く出た。それに対して堺では、船で逃げて溺死した人もいたが、高台に逃げて助かった人も多かったという。住民の出入りが頻繁な都市部では、記憶の伝承は困難であったろう。大坂では、改めて供養碑を建立して教訓を伝える努力が行われた。

東海地震では伊豆下田《しもだ》に停泊していたロシア船ディアナ号が被災した。ディアナ号には条約交渉にあたっていたプチャーチンが乗っていた。ディアナ号は修理のため回航中に沈没する。プチャーチンの要請により戸田浦《へだうら》で代船が建造される。これには多くの日本人大工が参加し、西洋船建造の技術を学んだ。完成した船は「ヘダ号」と名付けられる。災害を乗り越えて、日本とロシアの国交樹立にふさわしい共同事業となった。

打ち続く災害に、嘉永七年一一月二七日、「安政」と改元された。そのため、この年に起きた東海・南海地震も、一般にはこの「安政」の年号を付けて呼ばれている。

安政江戸地震

翌安政二年（一八五五）一〇月二日、江戸を中心にした大きな地震が起きた。東京湾北部の三〇～五〇キロメートルの深さで起きた直下型地震で、M七・〇～七・一。江戸では元禄地震以来の大地震であった。とくに軟弱地盤の下町で家屋の倒壊が目立った。その数は一万四三四六軒、死者は約一万人と推定されている。地震直後に市中三〇か所以上で火災が発生した。吉原はほぼ全焼し、遊女や客など一〇〇〇人余が死亡したという。地震が起きたのが午後九時過ぎの夜間であったために、被害が大きくなった。

大名屋敷も大きな被害を受けた。諸藩は「海防」などで出費がかさむなか、領民などの献金に頼りながら藩邸の再建に努める。幕府は、幕閣など一二家には拝借金を認め、旗本などにも無利息一〇か年賦の恩貸を行った。下層の御家人層には扶持米の支給も行っている。江戸の町人の救済は町が担った。町会所は市中五か所に御救小屋を設け、被災者への施行を実施した。この施行には有力商人二五〇〇余人から一万五〇〇〇両の合力があったという。

安政江戸地震の特徴は、瓦版の氾濫現象である。それらは速報性を重視した無許可の出版物で、弱小版元《はんもと》・戯作者・浮世絵師たちの商魂が生み出したミニコミであった。それらの内容は次のようだ。

一つは、被害状況の情報化である。これは以前から災害時の瓦版で中心となっていたもので、安否確認や見舞いのための情報、職人の需要情報などとして有用であった。国元への情報伝達のためにも利用された。

二つは、救恤の情報。これは被災者に焚き出し・救米・御救小屋・施行などの情報を提供した。それは、まだ施行に合力していない富裕層への圧力にもなっただろう。

三つは、地震そのものへの関心を満たすもの。地震の予兆や原因、過去の事例など、今回の地震を理解するために必要な知識を提供した。従来も知識人たちが私的に記録に書いていたことが、広く民間に提供され、共通の社会的な「知」とされるようになった。

四つは、いわゆる「鯰絵」が大流行したこと。鯰絵が作られる背景には、鹿島神宮の要《かなめ》石《いし》に関わる民間伝承があった。この要石は地中深く地軸にまで達していて、地震を起こす鯰を押さえ込んでいる。ところが鹿島神は一〇月神無月《かんなづき》には出雲《いずも》に出かけ、その留守をエビスに託したのだが、その守りが不十分であったために鯰が暴れ出して地震が起きたのだという。この伝承では、要石・鹿島神・鯰・エビスがキーワードとなっている。それらをさまざまに組み合わせて、多様なバリエーションの鯰絵が生み出された。

要石と鯰の伝承は古くからあり、江戸時代には民間にも広く流布していたが、瓦版に鯰が登場するのは、北原糸子によれば文政一三年（一八三〇）の京都地震のときからだという〔北原 1983〕。それが安政江戸地震に鯰絵として大流行した。その種類は三〇〇とも四〇〇とも言われる。そこには、庶民の風刺や批判・期待の意識が籠められていた。鯰絵は本屋組合の改めを受けない無許可出版であったため、幕府が発行禁止の取締りを強化すると急速に姿を消した。

連続する地震

ペリー来航直後の嘉永六年（一八五三）六月、将軍家慶が死亡する。一一月息子の家定《いえさだ》が将軍に襲職するが、病弱であったため、政務は老中阿部正弘《あべまさひろ》らが担った。「和親条約」締結に続いて、「通商条約」締結が大きな問題となった。「開国」に反対する尊王攘夷《じょうい》思想が広まった。

安政三年（一八五六）七月二三日、八戸沖を震源とする地震が起きた。M七・五。北海道から三陸海岸で津波が発生した。盛岡藩で、潰家一〇〇軒、流失家九三軒、溺死二六人であった。八戸藩や仙台藩でも流死者が出た。

安政四年八月二五日、芸予地震。M七・〇程度。松山藩や今治藩《いまばり》で数人の死者、呉《くれ》や岩国《いわくに》でも家屋が倒壊した。

安政五年二月二六日、飛越《ひえつ》地震。M七・〇〜七・一。長大な活断層である跡津川《あとつがわ》断層沿いに三一九軒が全潰、三〇二人の死者が出た。地震で山崩れも各所で起きた。その最大のものは立山《たてやま》の大鳶山《おおとんびやま》・小鳶山《ことんびやま》の崩落によるもので、岩屑《がんせつ》が麓の集落を埋め、常願寺《じょうがんじ》川をせき止めた。

同年三月一〇日、信濃大町《おおまち》付近を震源とする地震が発生。M六・〇程度。大町周辺で全潰七一軒、半潰二六六軒、一六〇か所で山崩れが起きた。この地震で飛越地震でできた常願寺川のせき止め湖が決壊、富山平野は大洪水となり、流失家一六一二軒、溺死者一四〇人余の被害となった。

これまでの例からもわかるように、内陸を震源とする地震では、土砂崩れとそれによる二次災害に警戒する必要がある。

国内政治は、通商条約勅許と将軍継嗣問題をめぐって分裂を深めていた。安政五年四月、井伊直弼《いいなおすけ》が大老に就任。幕府の方針は、条約調印、家茂《いえもち》を将軍継嗣とする方向に大きく舵を切った。この年末から、尊王攘夷派に対する激しい弾圧が始まる。いわゆる「安政の大獄」である。

安政コレラ騒動

同じ安政五年（一八五八）の六月から長崎でコレラが流行、またたく間に全国に広がった。コレラはコレラ菌によって引き起こされる伝染病で、罹患《りかん》して急死する者が多いことから「コロリ」（虎狼痢）と呼ばれた。一八一七年インドから世界的な大流行が始まったと言われ、日本では文政五年（一八二二）に最初の流行が起きている。

安政五年は七月に江戸で流行が始まり、一か月に一万二〇〇〇人以上が亡くなった。江戸の死者総数は一〇万人、大坂も三万人を超えると言われている。流行は文久《ぶんきゅう》元年（一八六一）まで四年間にわたった。

幕府は治療法を記した町触を発行して、救済に努めた（『続徳川実紀』）。それによれば、「芳香散」という薬が効くとのことであった。また、辛《から》子《し》粉と饂《う》飩《どん》粉を等分に混ぜてこねた「芥子《かいし》泥《でい》」も勧められている。民間ではヤツデの葉を軒下に吊《つる》すというまじないがはやったり、「みもすそ川の守札」が持てはやされたりした。蘭方を取り入れた治療法を記した医学書も刊行された。大坂適塾《てきじゅく》の緒方洪庵《おがたこうあん》が刊行した『虎狼痢治《ち》準《じゅん》』は代表的なもので、それらにも頼りながら多くの医者が献身的に治療にあたった。産科医として著名な備前金川《かながわ》の難《なん》波《ば》抱節《ほうせつ》は、コレラ治療中に罹患して病死している。

コレラ騒動でも、江戸で多数の瓦版が出されたことが高橋敏《たかはしさとし》によって紹介されている〔高橋2005〕。「流行三幅対《さんぷくつい》」【写真15】という瓦版では、「やくよけ 八ッでの木の葉／まよけみもすそ川のうた／ゑきよけ にんにくの黒やき」に始まり、「あきらめ うらないしゃ／でたらめ かる口におしえるまじない／きがもめ とむらいのかけもち」といった三幅対が一八組あげられる。「どうけ三十六かせん」は、三六歌仙の替え歌を載せたあとで、「借金をしゃばへのこしておきざりや めいどのたびへころりかけおち」といった「厄除狂歌集」が組み合わされている。人びとはコレラをも「洒落のめす」ことで乗り切ろうとしていたのだ。

コレラ騒動の収まった文久二年（一八六二）、今度は麻疹が大流行する。麻疹は二〇年から三〇年ごとくらいに流行を繰り返していたが、今回は天保七年（一八三六）以来二六年ぶりの流行であった〔鈴木2012〕。流行の始まりは長崎で、六月には江戸でも死亡者が出始め、八月までに一万二〇〇〇人余が亡くなったという。安政五年（一八五八）に将軍に襲職した徳川家茂と、その正室で文久元年に嫁いだばかりの和宮《かずのみや》も罹患した。麻疹流行で物価も騰貴する。幕府は食料や薬種値段の引き下げを命じるとともに、富裕者に金米や薬の施行を訴える町触を出した。町会所は備蓄米を放出して貧民に配った。町々では、「疫病神」を送ると称して、山車《だし》や踊りを出して臨時祭礼が催された。「世直り」を待望する意識が広がる。

今回の麻疹流行でも多数の瓦版が刊行された。なかには、麻疹の簡便な治療法や予後の養

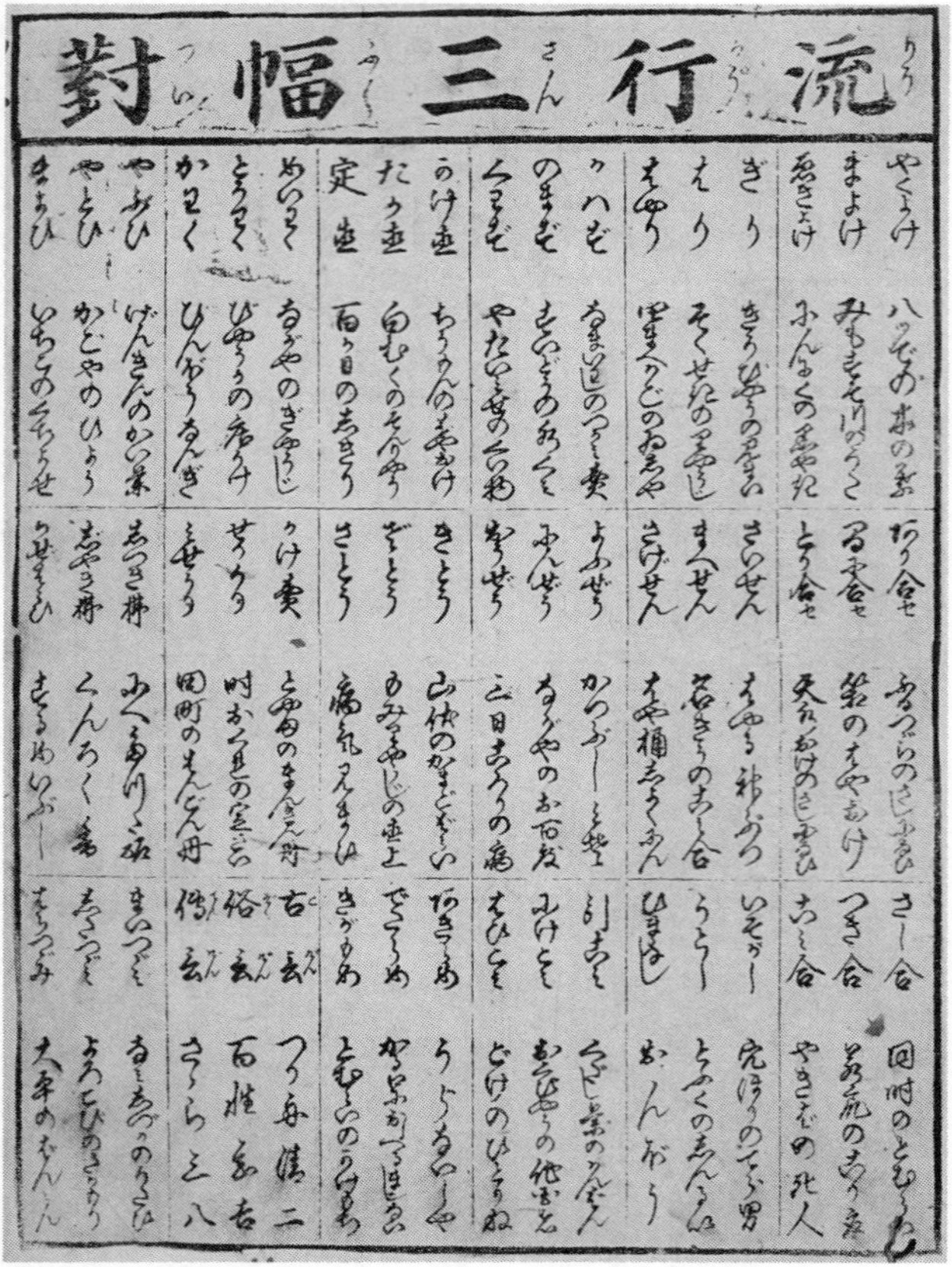

流行三幅對

写真15　流行三幅対
出所：『懐溜諸屑』第26冊.
所蔵・写真提供：国立歴史民俗博物館.

生などを説く実用的なものもあったが、多くは「流行麻疹三幅対」「麻疹厄除道化三十六歌仙」「麻疹なぞなぞ合わせ」などコレラ騒動のときの焼き直しのようなもので、やはり麻疹を「洒落のめす」という趣向であった。

麻疹と並んで幼児の死亡率を高めていたのは疱瘡（天然痘《てんねんとう》）であった。イギリスのジェンナーが牛痘を使用した予防接種法を発見したのは一七九六年のことだが、それが長崎に伝えられたのは嘉永二年（一八四九）であった。その後ただちに江戸の伊東玄朴《いとうげんぼく》、京都の日野鼎哉《ひのていさい》、大坂の緒方洪庵が種痘を実施した。安政五年（一八五八）大坂に除痘館、江戸に種痘所が幕府の援助で開設され、地方でも在村の開明的な医者たちの努力によって急速に普及した〔田崎 1985〕。

「ええじゃないか」

安政七年（一八六〇）三月三日、大老井伊直弼が桜田門外で暗殺される。文久二年（一八六二）一月一五日には老中安藤信正《あんどうのぶまさ》が坂下門外で襲撃された。このころから、政局の中心は京都に移り、各地で「攘夷」事件が起きる。文久三年八月一八日、公武合体派がクーデターを起こし、尊王攘夷派の公卿が京都を脱走する。翌元治元年（一八六四）七月一九日、巻き返しを図る長州軍が京都に進撃、「禁門の変」を起こす。この戦闘によって、京都町中は大火事となった。いわゆる「どんと焼け」である。被災したのは八一一町、焼失した町屋二万七五一三軒、寺社二五三か所。幕府は、五〇〇〇石を放出して町中各所で施行を行い、八月には町々へ御救米として一万石を支給した。「京都大火の略図」などと題した瓦版が多数刊行され、京都の状況がただちに地方へ伝えられた。

御所攻撃の責任を糺《ただ》すため、長州藩への出兵が行われる。諸大名は戦闘態勢に入り、諸物価が高騰する。長州藩では三家老に責任を取らせて恭順の意を示したので、実際の戦闘には入らなかった。しかし、その後長州藩では討幕派が実権を握り、幕府への反抗姿勢を明確にしたため、慶応元年(一八六五)再び長州藩への出兵が命じられる。翌慶応二年六月戦闘が始まると、幕府軍は各地で苦戦、戦果が得られないまま七月将軍家茂が大坂城で死去する。幕府は一方的に解兵し、慶喜が将軍に襲職した。「公儀」解体の瀬戸際で、その再編をめざす「死闘」を繰り広げることになる。

幕府領でも藩領でも、出兵のために住民から物資が徴発された。おまけに慶応元年・二年は続けて凶作で、食料不足と物価高が深刻になった。各地で一揆や打ちこわしが起きる。この年の騒擾件数は江戸時代最高を記録する。各地で豪農商が打ちこわされた。かれらは地域の秩序を防衛するために領主と結んで「農兵」を組織する。この「農兵」が一揆の鎮圧に動員されることもあった。領主内部の分裂だけでなく、地域の内部でも分裂が深まる。こうした状況を佐々木潤之介《ささきじゅんのすけ》は「世直しの状況」と呼んだ〔佐々木1969〕。

慶応三年（一八六七）七月下旬に三河国吉田《よしだ》近辺でお札降《ふだふ》りがあった。これを機に人びとが街路に出て踊り出した。踊りの渦は人びとを巻き込んで熱狂を増し、村送りのように東西に広がった。いわゆる「ええじゃないか」である〔伊藤1995〕。踊りはお札降りによって飛び火した。降った神札は伊勢神宮のものだけでなく、地元の土俗神のものも少なくなかった。神札が降った家では、酒・餅・銭などを振る舞うことになっていた。札は富裕な家に降ることが多かった。打ちこわしのときに施行を促す落札が富裕者の家に投げ込まれたが、それと同じ構図だ。異性装や裸形など異形な風体で踊る群衆は、伊勢に向かうのではなく、地元の神社に踊り込むことが多かった。「世直り」を待望する臨時祭礼といった様相であった。

京都では、一〇月中ごろから皇太神宮のお札が降り始め、各所で踊りが広がった。一一月一二日町奉行所は「花美《かび》の衣類」や「異形の風体《ふうてい》」で踊り騒ぐことを禁ずる町触を出している。この町触は一一月二五日にも繰り返され、「ええじゃないか」の踊りも一二月にはおさまったようだ。一〇月一四日に将軍慶喜が大政奉還を上表し、一二月九日には王政復古のクーデターが起きる。年が明けると鳥羽伏見の戦いから、戊辰《ぼしん》戦争に突入した。

ある村の明治維新

明治七年（一八七四）三月、備中国哲多郡《てつたぐん》田淵《たぶち》村の百姓たちは、元庄屋で懲役人の鶴蔵を減刑してくれるよう、管轄の小田《おだ》県令に嘆願書を提出した〔哲多町史編集委員会 2011〕。

田淵村は江戸時代には倉敷代官所管下の幕府領であった。この地域の幕府領は、幕府が行った長州出兵の兵站《へいたん》基地とされ、多数の陣夫や物資が徴発され、村の出費は普段の五倍以上になった。しかも慶応二年（一八六六）は凶作と物価高が重なり、村人の困窮はますます深まった。

江戸時代、田淵村を含む哲多郡幕府領一〇か村組合では、長期にわたってさまざまな名目の貸付金を代官所から拝借して、生活を維持していた。拝借金の存在は、返済延期などが繰り返されるなかで常態化し、村々の「飢窮御備《おそなえ》」として「慣行」化していた。こうした状態は幕府が崩壊することで大きく変化する。

慶応四年五月、倉敷代官所管下の村々は倉敷県に編成され、県役人の中心は高知藩出身者で占められた。かれらは地域の「慣行」にうとい。翌明治二年（一八六九）は再び凶作となった。田淵村では租税の取り立てが進まず、同じ組合の大竹《おおたけ》村とともに翌年返済の約束で「金千両」を県から拝借し、当座を乗り切った。鶴蔵としては、幕府領時代と同じ組合村としての拝借金のつもりであったろう。しかし、翌年も凶作は続き、やはり租税の取り立ては進まなかった。鶴蔵は拝借金の返済延期を県に願ったが許されず、租税とともに完納を厳しく迫られた。進退窮まった鶴蔵は、倉敷に向かう途中で返済金を剝《は》ぎ取られたと虚偽の報告を行う。ことの真相はすぐに露顕する。鶴蔵は出雲に逃亡した。

明治四年五月、高知藩出身の知事に代わって倉敷県知事を務めていた山口藩出身の伊勢新左衛門が謹慎処分となる。窮民救助金をめぐる不適切な対応をとがめられたためであった。同年一一月の廃藩置県により倉敷県は深津《ふかつ》県に編入され、翌年同県は小田県に再編される。翌明治六年親類に見付けられて帰村した鶴蔵は、県吏に捕らえられて懲役に処せられていた。その減刑を村人が嘆願したのであった。

古い救済システムが崩れても、新しい救済システムは形も見えていない。政府と村人の間に立つ「村の治者」たちも「地域の治者」たちも、厳しい試練にさらされていた。

コラム4 「鯰絵」とはなにか

鯰絵の心性

災害を「洒落のめす」ことでやり過ごそうという心性は、江戸の都市に生まれたものであった。生活基盤の脆弱《ぜいじゃく》な都市民にとって、それが鬱憤《うっぷん》を晴らすための限られた手段の一つであった。その心性が落首《らくしゅ》として伝えられ、瓦版となって普及する。こうした動向が明暦の大火ころから広がったことは、先にも述べたところだ。

地下の巨大鯰が地震を起こすという観念はそれほど古いものではない。中世人の国土観念では、日本列島は龍に取り巻かれて護《まも》られているという。しかも伝統的な神観念では、守護神は正しく祀られなければ災厄をもたらす「荒神《こうじん》」になるという両義的なものであった。地震はこの龍が暴れることによって起きるので、それを押さえているのが鹿島の要石だという。寛文二年（一六六二）の近江地震をあつかった浅井了意の『かなめいし』でも、「五帝龍」が暴れるのは人力では如何《いかん》ともしがたいが、鹿島神が押さえているから安心だと書かれていた。この龍を鯰と呼んだ最も古い資料は、豊臣秀吉の書状であることは本文で述べた。この読み替えが秀吉の創見かどうかは定かでないが、自らを「太陽の子」と豪語した秀吉の誇大妄想癖からすれば、ありえる話ではある。しかし、それがすぐに広まったわけではないことは、浅井了意の作品からもわかることだ。

鯰絵が流行したのは、もっぱら江戸での出来事であった。そこに「江戸っ子」の「洒落」の精神をみたのは若水俊《わかみずすぐる》である〔若水 2007〕。災害を「洒落のめす」ことで乗り切ろうという心性は、「諦め」に裏打ちされた「いき」の精神につながるだろう。安政地震に大流行した鯰絵も、明治以降に引き継がれることはなかった。西洋の科学知識の普及と、何よりも「江戸っ子」気質の変容によると若水は言う。

鯰絵をよむ

C・アウエハントがつとに指摘したように、鯰絵のナマズには多様な意味が込められている〔アウエハント 1986〕。それは、人びとに災害をもたらすとともに「世直り」の期待を担うものでもあった。「神」に通じる大ナマズもあれば、人間に交じって描かれる小ナマズもある。「地震除けの呪《まじな》い、家内にはりおくべし」と書かれて、護符として利用される鯰絵もあった。

鯰絵について、ここでは次のような三つばかりのことに注目しておきたい。

一つは、地震を起こしたナマズを懲らしめる図像が多いことである。当時の人びとにとって、なぜ地震が起きるのかは定かでない。遣《や》りどころのない憤懣《ふんまん》が募るばかりだ。

その「責任」をナマズに押し付けて「洒落のめす」。鯰絵には、そのことで災厄を乗り超えようとする庶民の心性が読み取れる。しかし、それだけだろうか。若水は、同じころに流行した「黒船図絵」(「開国図絵」)との共通性に注目する〔若水 2007〕。両者に似通った神仏が登場するというのだ。黒船来航も地震も、いずれも「日本」の危機である。これまで「日本」を守護してきた神仏の威力が減退したから、こんなことになったのだ。そんな庶民の「不安」が潜んでいるのではないか。不安が深ければ深いほど、ナマズを懲らしめようという熱狂は高まる。

二つは、富裕者や地震後の普請で潤った職人への批判である。口や尻から小判をはき出す金持ちに対する批判は明確だ。他方、ナマズのばらまく小判に踊る職人の姿は、地震が「世直り」であることを喜んでいるようにも見える。しかし、地震後の物価騰貴に苦しめられ、大工・左官・鳶《とび》などとちがって仕事にありつけなかった庶民には、不満がたまっていた。小判をはき出す金持ちに群がる職人の姿は、羨望《せんぼう》の対象であるよりは「笑い」の的であった。遣り場のない鬱屈《うっくつ》を「笑い」で紛らす。そこには、余裕のある者が金をはき出して庶民を救うべきだという批判もこめられていただろう。

三つは、「世直り」への期待を示すものが多いことだ。庶民のあいだには地震自体を「世直り」とする意識が存在したが、他方、それとは裏腹の現実に対する不満も渦巻いていた。鯰絵には、そんな屈折した「世直り」への願望もこめられている。

こうした鯰絵の流行を、「愚昧《ぐまい》」なものと苦々しく批判する知識人も少なくなかった（『雷公《らいこう》地震由来記』）。かれらは、地震の現象を「陰陽五行説」などで合理的に理解できると考えており、地震後にも生活を改めない庶民の態度を場当たり的で刹那的なものと

写真16　鯰に金銀を吐かされる持丸長者

批判した。かれらには、「倹約」「勤勉」「堪忍」など通俗道徳を日々実践する主体への強い期待が存在した。しかし、こうした知識人の批判は、庶民の切実な「世直り」願望をも水に流してしまうだろう。

災害からの復興のためには、通俗道徳の実践が必要なことは庶民にもわかっていた。しかし、そのモードに切り替えるには「洒落のめす」という気分転換も必要であった。そこに知識人や上層民とのズレがあった。災害の脅威に翻弄《ほんろう》されながらもたくましく生き抜こうとする人びとの姿を、鯰絵に認めたいと思う。

まとめにかえて

江戸時代、慶長から慶応まで二六〇年あまり、人びとは災害をどう生きてきたのだろうか。かれらの体験や努力は、わたしたちに何を教えてくれるだろうか。

「いのち」を守る諸関係

江戸時代人の「いのち」は、領主支配、村や町などの身分団体、「家」、という三つの関係で守られていた。この三つの関係は、「家」を単位として村や町が構成され、村や町を単位に領主支配が行われるというように、それぞれに内包関係になっていた。そのなかで個人や団体は、全体に対して負担・義務と保護・扶養の関係で結ばれていた。個人の「いのち」を守る基本となるものは「家」であった。「家」は血縁や婚姻などで結ばれた親族のネットワークに支えられながらその機能を果たしたが、そこで守れきれない場合は村や町が扶助した。それでも担いきれない場合は、領主による救恤が施された。三つの関係において、下位者が負担や義務を果たす限り、下位者には上位者に対して保護や扶養を求める「権利」があり、上位者にはそれに応える「責任」があると考えられていた。朝尾直弘《あさおなおひろ》は江戸時代の領主制も一種の社会的な「契約」関係だとみている〔朝尾 1994〕。

列島社会で「家」が成立するのは一一世紀ころからで、公家や武家が先行した。一般庶民の間で「家」が成立し始めるのは、一五世紀ころからと言われている。しかしそれが列島社会に広がるのは江戸時代に入って一七世紀後半以降と考えられる。それ以前には、大災害に襲われれば人びとはなすすべもなく、災害をやりすごすしかなかった。一七世紀前半までに庶民の災害記録がほとんどないのは、そのためだ。一七世紀も中ごろ近く、島原天草一揆と寛永の飢饉を契機に、領主層は「撫民」に政治の舵を切る。それに支えられながら、生産と生活の共同組織である「村」や「町」が成立する。こうして徳川日本の「いのち」を守る三つの関係が作られていく。

しかし、激甚災害が起きた場合には、こうした直接的な関係だけでは対処できないことが少なくない。そのときには、徳川幕府が救済のための「公共」機能を果たすことになった。徳川将軍や幕府は、領主層の共同利害を実現する権力であるとともに、列島統治の権限を持つ機関でもあった。そうした意味から将軍や幕府は「公儀」と呼ばれた。「公儀」としての幕府は、個別領主が領民を救済するのを指示したり支援する必要があり、個別領主が単独で対処できない問題には、他の領主を動員したり自らの力で解決を図らなければならなかった。明暦の大火が一つの画期となった。

また、地域や都市が発展すると、個別の直接的な関係では覆いきれない「公共」空間が広がるようになる。そこは「私」的な関係を超えて人びとが出会う「無縁」の場であり、「世間」と呼ばれた。「世間」では、とくに富裕者に「公共」的な役割が期待され、それ以外の人びとにも「分」相応の働きが期待された。富裕者の合力による飢人施行が本格化するのは、延宝・天和期の飢饉のときであった。

都市において「非人」身分が組織化されるのも、この飢饉が契機であった。「非人」身分の者たちは、都市に流入する飢人を取り締まるとともに、身動きできない者たちを「非人小屋」に収容した。「非人」社会は治安維持の機能を果たすとともに、他方では共同組織を喪失した人びとの最終的な救済組織となった。ただし、それは「平人」からは差別される身分であり、犯罪者が刑罰として落とされる世界でもあった。

こうした徳川日本のシステムは、人びとの努力によって一七世紀の末までには、おおむね機能するようになっていた。

「公共」機能の多様化と矛盾

一七世紀は社会の成長期であった。耕地は大河川下流域での新田開発によってほぼ一・五倍に増加し、人口も二倍から二・五倍の増加を示した。家族数が四人から七人程度の単婚小家族が社会の中核を占めるようになり、上層の武家や豪農商などでは、多くの奉公人や隷属的な家族を抱える大世帯もあったが、その中心になっているのは、同じく単婚小家族であった。しかし、一八世紀は耕地も人口も停滞から減少を示すようになる。外延的な拡大は、ある種の限界に達していた。江戸時代を通じて、生まれた子どものうち成人するのは半分ほどで、平均寿命は四〇歳そこそこであった。村のなかで、世代を超えて続く「家」が増えてくるが、他方、半数ほどの「家」は二、三代で消滅した。一八世紀は災害の頻発する時代であった。「家」にも「村」や「町」にも、災害を乗り切る体力は十分でなかった。

地震・津波、火山噴火、火事、洪水、飢饉、疫病など、災害の頻発は「公儀」の救済機能への期待を高めることになる。綱吉政権以降の幕府は、こうした期待に応えようと「公儀」の「公共」性を発揮するための工夫を行った。「国役普請」制度はその代表的な例だが、財政窮乏が進むなかで、「公儀」の指揮のもとに藩や民間の力を動員するシステムがめざされた。「公儀」を中心とした「いのち」を守る徳川システムは、ほぼ「満面開花」する。

災害への対応が繰り返されるなかで、各集団がそれぞれに「公共」機能を果たすべきだという共通認識が深まる。他方では、だれがどれほどの「公共」機能を果たすべきかをめぐって、せめぎあいや対立も顕在化する。押買いや打ちこわしといった実力行使が救恤を引き出すという「慣行」も普及する。こうした「慣行」が定着すると、救恤を「権利」と考えるような意識が民衆のあいだに広まる。「私欲」は「不仁」とされ、富の偏在が批判される。打ちこわしは、富の再配分を求める意識を広げる。他方、生存条件を確保するために、地域や藩が食料などを囲い込むことも始まる。地域間利害の対立が深刻になる。

こうした状況が一八世紀を通じて深まった。

通俗道徳と「世直り」の意識

徳川社会のエンジンは単婚小家族であり、その「家」が営む小経営である。この小経営を支えるイデオロギーは、「倹約」「勤勉」「正直」「和合」といった通俗道徳であった〔安丸 1974〕。こうした規範を率先して実践し、人びとにそれを促したのは、地域リーダーたちであった。災害からの復興のためには、「公儀」や藩のさまざまな救済措置が求められたが、それを受けとめるのも一人一人の主体的な努力であった。もちろん人びとは、災害が自分たちの努力を超えるものであることも十分に承知していた。人事を尽くしたあとでは、災害を

「天命」として受け容れるしかない。神仏への祈りは「天命」を受け容れるための作法であり、再出発は失われた「いのち」の供養から始まる。そこには深い「諦め」がある。

天災を受け容れて改めて努力を始めるためには、モードのリセットが必要だ。江戸時代の人びとは、それを「世直り」と意識した。日常の時の流れを断ち切って「世直り」を実現するためには、特別のパワーが必要だ。そのために集団的なオルギー（オージー）が演出される。オルギーとは、舞踏をともなう熱狂、乱痴気騒ぎ、無礼講。社会的な不安や不満が高まったとき、突発的にこのオルギーが起こる。江戸時代には、慶長期の伊勢踊から慶応期の「ええじゃないか」まで、何度もその噴出をみた。さまざまな「怪異」現象も、「世直り」の予兆であり、「天災」も「世直り」をもたらすものである。「怪異」も「天災」も非日常的なパワーの現出であった。

江戸人の「いき」は「諦め」に裏打ちされていた。「洒落のめす」こころのうちにも、「諦め」が潜んでいた。災害を「洒落のめす」ことは、「世直り」への期待をほのめかすことであった。

「世直り」への期待を秘めながら日々の労働にいそしむ。災害の繰り返しは、人びとのこころを揺るがす。さまざまなこころの工夫が、民衆の文化や民俗として息づいた。

「地域」の浮上

一八世紀末の寛政期に、列島を取り巻く対外関係は大きく変化する。ロシア・イギリス・アメリカといったヨーロッパ勢力の脅威が直接的に感じられるようになったのだ。幕府の「公儀」機能のうち、「海防」の占める位置が急速に高まる。他方、各時期の将軍や幕閣たちは、財政状況を改善するためにさまざまな工夫と努力を行ったが、列島各地の「公共」事業に満遍なく配慮する財政的・精神的余裕はなかった。幕府領と幕府関係者、とりわけ江戸と関東地方の利害が優先された。

各地方での「公共」機能は、藩や地域に委《ゆだ》ねられるようになる。こうした傾向は一八世紀を通じて進んでいたが、「天明の飢饉」ころから顕著になる。領主の側では「自立」をめざして「改革」を行うが、その役割を担うだけの財政的な余裕はなかった。地域の富裕層の財力と活動に期待する度合いが高まる。他方、村方の疲弊も進んだ。江戸時代の村は、石高にして五〇〇石、人数四〇〇から五〇〇人、戸数は一〇〇戸程度というのが平均的であった。この程度では、激甚災害に際して一村限りでの自力救済は難しい。実際、飢饉のための救荒備蓄も数か村の組合で行われるのが一般的であった。村の側でも地域の有力者に依存せざるをえなかった。かれらは、広域に活動する地主であったり商人であり、大庄屋などの在方役人を兼ねる存在であった。かれらはまた、地域の文化活動の中心であり、儒学の学習にも積極的であった。藩はかれらの献金や奉仕活動を褒賞し、苗字・帯刀や家臣への取り立てなどを行う。「地域の治者」としての自覚を持つ者も少なくなかった。

もちろん村も地域も一枚岩ではない。災害の繰り返しは、次第に人びとの境界を明らかにする。上層には、村や地域の「治者」として「仁」の実践が期待される。中下層には、倹約・勤勉の徳目を身につけて救恤を受けずに「自立」することが求められる。「自立」のすべを失った最下層は「従順」に救恤を受けるばかりであった。当然かれらのあいだで「世直り」イメージも行動も異なる。熱狂的なオルギーの広がりは「自力」に乏しい下層ほど顕著であった〔ひろた 1987〕。

「徳川システム」から明治へ

「天保の飢饉」と「天保の改革」の失敗から、「公儀」の権力と権威は急速に後退する。藩や地域の自力救済を求める幕府の政策は両刃の剣であった。「改革」にある程度成功した藩では、幕府からの「自立」を強め、「藩国家」と呼ばれるような方向に進み出す。「自立」をめざす藩や地域が自己の利害を排他的に確保しようとすると、周辺の藩や地域との間で対立が生じる。こうした地域間利害の調整は本来「公儀」の権限であり役割であったが、このころの幕府は地域利害を超える理念を提起できなかったし、妥協案を一方的に押しつけるだけの権力も権威もなくなっていた。

守旧勢力が強く領民の救済に消極的な藩では、領内に不満が鬱積する。一部の権力者と特権的な商人が結びついて、私腹を肥やすことも少なくなかった。天保期、一揆や打ちこわしが激増する。一部の批判的な家臣が領民の不満を利用しようという動きもみられた。「大塩蜂起」は、そうした動きと見ることができる。武家領主内部の分裂が顕在化する。

江戸時代を通じて民間や地域に蓄積されてきた経験は、災害の軽減にそれなりの役割を果たすようになっていた。それでも災害からの復興には多くの財力が必要だ。領主支配の後退は、地域の民間力への依存を深めるが、その過剰は民間力の消耗を招く。一揆や打ちこわしは領主や富裕層の救済を引き出す「慣行」としてシステムに組み込まれるようになってはいたが、その繰り返しは富裕層と貧困層との対立をのっぴきならぬところまで陥らせることにもなった。差別的な出で立ちの強要に反対する「えた」の一揆があり（「渋染《しぶぞめ》一揆」）、「非人」の風体で蜂起する百姓一揆も起こる（「非人騒動」）。「いのち」を支える集団の力が弱まった。身分の実態や身分意識の流動化が進み、地域内の分裂も深まる。

古いシステムの解体と新しいシステムへの組み替えが、手探りのなかで進む。

明治維新という「革命」は、最終的に絶対君主たる天皇を戴《いただ》く立憲体制に帰結する。それに至る法整備の過程で、災害にも明治政府による一元的な対応がとられるようになるが、政府の力も十分ではない。天皇・皇后による恩賜金が明治五年（一八七二）の浜田《はまだ》地震を機に始まる。それをうけて個人による義捐金《ぎえんきん》が次第に増加する。しかし、こうした動きも政府の救恤活動に吸収されて、民間や地域が主体的に復興に取り組む力は、むしろ弱まっていったのではないか。やがて自由民権運動を経験するなかで、災害を生き抜く人びとの営みは、新しいステージを迎えていくだろう。

あとがき

災害の規模を示すには、被害の状況などを数字で示すしかない。本書も数字の多いものになってしまった。しかし、歴史災害は言うまでもなく、現在の場合でも、記録によって数字が異なることはよくある。なにより数字の羅列はわずらわしい。

昨年惜しくもなくなられた宇江佐真理《うえざまり》さんと以前に対談したことがあった。そのとき、宇江佐さんが小説の中で大きな数字を省略することなく一桁まできちんと書いておられたので、どうして数字を丸めて「およそ」で書かないのですか、と聞いた。宇江佐さんは「だって、せっかく調べてくれた人に悪いでしょ」と言われた。考えさせられるお答えであった。

災害を語る場合にはなおさらだ。犠牲者がおおまかな数字でくくられてしまって、いいわけがない。数字には一つ一つの「いのち」がある。それを思わずに、数字をしるすことはできない。さまざまな報道に接するたびに、そのことを強く思う。

わたしが災害のことを考えるきっかけになったのは、一九九五年の阪神淡路大震災だ。それまでのわたし自身の記憶にあるのは、一九五九年の伊勢湾台風である。その当時は、家にテレビはなかった。それこそ、自分の体験を超える全体の被害は、話で聞くか数字でしかわからない。阪神淡路大震災では大きく違った。地震直後は何が起きたかわからなかったが、すぐに衝撃的な映像がテレビで流され始めた。現地も歩いた。同時進行でも、事後報道としても、多くの人びとの思いに心を動かされた。すぐれた報告や調査・研究、提言がなされた。あれから確かに社会と災害の関わり方は変わった。

災害が社会に与えた変化を軸に一八世紀の社会を描いてみたいと思い、二〇〇八年に『日本の歴史11　徳川社会のゆらぎ』を書いた。一仕事したと思っていた。しかし、二年余り後に東日本大震災が起きた。自分は何をしたのだろうと、無力感におそわれた。気を取り直して思い付いたのは、江戸時代を通じた社会と災害の関係について、改めて考えてみようということであった。二〇一二年・一三年と岡山大学文学部で講義し、二〇一四年に『「生きること」の歴史学』を作る作業と並行しながら、本書の原稿を書いた。だから自分では三つの作品はセットだと思っている。そのためというわけではないが、それぞれに重複する部分も少なくない。お許しを願いたいところである。

二〇一三年度には北原糸子さんのお誘いで、内閣府（防災担当）が主催する「宝永地震の災害教訓に関する検討会」に委員として参加させていただいた。自然科学の研究者の方がたのお話を身近にお聞きすることができて大変有意義であった。それと前後して、各地で史料や供養塔などを見て回った。その節には関係者の方がたにいろいろお世話になった。そうしたみなさんに、改めてお礼申し上げたい。

二〇年ほど前に、中央公論社『日本の近世16　民衆のこころ』に「自然と人間　からだとこころ」という文章を書いた。その時お世話になった麻生昭彦さんに原稿を読んでいただいた。「自然観の延長ですね」と言われて、自分なりに納得がいった。根っこにある問いを持ち続けたいと思った。麻生さんのご紹介で新書編集部の小野一雄さんが、このような形に仕上げてくださった。お二人に感謝したい。

「歴史に学ぶ」というのは、どういうことだろうか。過去と現在では客観的状況が違うのだから、安易な類推は現実の複雑さを無視し、かえって問題のありかをとらえ損なうことにつながらないか。現実の問題の解決は、現実の徹底した分析からしか始まらない。そのうえでなら、歴史の経験も何か示唆するところがあるだろう。

東日本大震災から五年が経った。五年を区切りとする事業も少なくないという。しかし、復興どころかつぎつぎと新しい問題が起こってきているというのが現状だ。ただ、被災された方がたが次のステージに進まれるためには、必要な「区切り」もあるだろう。もちろん、五年間を冷静に総括し現状を正確に理解することは欠かせない〔齊藤 2015〕。

一九四五年から七〇年経っても、「戦後」は終わらない。「戦後」の問いは生き続けるだろう。同じように、「震災後」も終わらないだろう。具体的な復興は急がれなければならない。他方では、未来の生活や文明のあり方への問いは続く。

五年後の二〇一六年三月一一日に

倉地克直

〔付記〕四月一四日と一六日に熊本地震が起きた。すぐに四〇〇年ほど前に九州地方で起きた二つの地震を思い出した。一つは元和五年（一六一九）の八代地震（本文三四頁）。八代市の麦島城が倒壊し、大分県竹田市の岡城でも被害があった。もう一つは文禄五年（一五九六）の別府湾地震（本文二四頁）。この地震については最近、閏七月九日と一二日の二回起きたという考えが出されている〔櫻井 2016〕。とすれば今回と同じ前震と本震、もしくは本震と余震であったかもしれない。いずれにしても、それぞれの地域で改めて過去の歴史地震を洗い直してみる意味は小さくない。震災後の対応についても、阪神淡路大震災以降でも貴重な経験が蓄積されている。それらを活かした取り組みが進むことを願うばかりだ。事態は刻々と動いている。（二〇一六年四月二〇日）

参考文献

C・アウエハント〔一九八六〕『鯰絵――民俗的想像力の世界』小松和彦他訳、普及版、せりか書房。岩波文庫、二〇一三年
青木美智男〔一九八一〕「天保一揆論」、『講座日本近世史』第六巻「天保期の政治と社会」、有斐閣
青木美智男〔二〇〇四〕『近世非領国地域の民衆運動と郡中議定』ゆまに書房
朝尾直弘〔一九九四〕『将軍権力の創出』岩波書店
荒野泰典〔一九八八〕『近世日本と東アジア』東京大学出版会
池内長良〔一九八九〕「幕府の享保飢饉における幕府領・私領への救済」、『歴史地理学』一四五号、一九八九年六月
池上彰彦〔一九七八〕「江戸火消制度の成立と展開」、西山松之助編『江戸町人の研究』第五巻、吉川弘文館
池田正一郎〔二〇〇四〕『日本災変通志』新人物往来社
市古夏生〔一九七七〕「解題」、『近世文学資料類従　古板地誌編』第八巻『江戸名所記』、勉誠社
伊藤忠士〔一九九五〕『「ええじゃないか」と近世社会』校倉書房
岩本由輝編〔二〇一三〕『歴史としての東日本大震災――口碑伝承をおろそかにするなかれ』刀水書房
宇佐美龍夫他〔二〇一三〕『日本被害地震総覧　599-2012』東京大学出版会
大野瑞男〔二〇一〇〕『松平信綱』吉川弘文館

大平祐一〔一九七四〕「江戸幕府拝借金の研究——幕藩関係の一考察」、『法制史研究』二三号、一九七四年三月
小鹿島果編〔一八九三〕『日本災異志』。覆刻、五月書房、一九八二年
岡本良一・内田九州男編〔一九七六〕『道頓堀非人関係文書』下巻、清文堂出版
笠谷和比古〔一九九三〕『近世武家社会の政治構造』吉川弘文館
笠谷和比古〔一九九五〕『徳川吉宗』ちくま新書
菊池勇夫〔一九九一〕『北方史のなかの近世日本』校倉書房
菊池勇夫〔一九九七〕『近世の飢饉』吉川弘文館
菊池勇夫〔二〇〇七〕「近世の餓死者供養について」、『供養塔の基礎的調査に基づく飢饉と近世社会システムの研究』平成一六年度〜一八年度科学研究費補助金研究成果報告書
北原糸子〔一九八三〕『安政大地震と民衆——地震の社会史』三一書房。改題・増補『地震の社会史——安政大地震と民衆』吉川弘文館、二〇一三年
北原糸子〔一九九五〕『都市と貧困の社会史——江戸から東京へ』吉川弘文館
鬼頭宏〔一九八三〕『日本二千年の人口史——経済学と歴史人類学から探る生活と行動のダイナミズム』PHP研究所。改題・改訂『人口から読む日本の歴史』講談社学術文庫、二〇〇〇年
岐阜県〔一九七二〕『岐阜県史　通史編　近世（下）』
九鬼周造〔一九七九〕『「いき」の構造』岩波文庫。初版一九三〇年
倉敷市史研究会編〔二〇〇三〕『新修倉敷市史』第四巻・近世（下）、倉敷市
倉地克直〔一九八二〕「延宝・天和期岡山藩の「非人」について——続・岡山藩の「非人」支配をめぐる二、三の問題」、『岡山大学文学部紀要』三号、一九八二年一二月
倉地克直〔一九九六〕『近世の民衆と支配思想』柏書房
倉地克直〔二〇〇八〕『全集日本の歴史』第一一巻「徳川社会のゆらぎ」、小学館

倉地克直〔二〇一二〕『池田光政——学問者として仁政行もなく候へば』ミネルヴァ書房
倉地克直〔二〇一三〕「津波の記憶」、水本邦彦編『環境の日本史』第四巻「人々の営みと近世の自然」、吉川弘文館
倉地克直〔二〇一五〕『「生きること」の歴史学——徳川日本のくらしとこころ』敬文舎
黒田日出男〔二〇〇三〕『龍の棲む日本』岩波新書
桑田忠親〔一九四三〕『太閤書信』地人書館。覆刻、東洋書院、一九九一年
児玉幸多他編〔一九八九〕『天明三年浅間山噴火史料集』上下巻、東京大学出版会
小林亥一〔一九八〇〕『青ヶ島島史』青ヶ島村
古宮雅明〔二〇〇九〕「富士山宝永噴火被災地の川普請と幕府の対応」、『神奈川県立博物館研究報告（人文科学）』三五号、二〇〇九年三月
今田洋三〔一九八一〕『江戸の禁書』吉川弘文館。復刊、二〇〇七年
齊藤誠〔二〇一五〕『震災復興の政治経済学——津波被災と原発危機の分離と交錯』日本評論社
坂巻甲太・黒木喬編〔一九八八〕『「むさしあぶみ」校注と研究』桜楓社
櫻井成昭〔二〇一二〕「大分県の歴史地震に関する覚書——記憶と記録」、『大分県立歴史博物館研究紀要』一三号、二〇一二年三月
櫻井成昭〔二〇一六〕「語られた歴史」、『大地の歴史と私たちのくらし』大分県立先哲史料館・京都大学大学院理学研究科地球熱学研究施設
佐々木潤之介〔一九六九〕『幕末社会論——「世直し状況」研究序論』塙書房
佐藤大介〔二〇〇九〕「仙台藩の献金百姓と領主・地域社会」、『東北アジア研究』一三号、二〇〇九年三月
沢山美果子〔一九九八〕『出産と身体の近世』勁草書房
寒川旭〔二〇〇七〕『地震の日本史——大地は何を語るのか』中公新書。増補版、二〇一一年
新熊本市史編纂委員会編〔二〇〇一〕『新熊本市史　通史編』第三巻・近世Ⅰ、熊本市

新熊本市史編纂委員会編〔二〇〇三〕『新熊本市史　通史編』第四巻・近世Ⅱ、熊本市
杉本史子〔一九九九〕『領域支配の展開と近世』山川出版社
鈴木則子〔二〇一二〕『江戸の流行り病――麻疹騒動はなぜ起こったのか』吉川弘文館
関根達人〔二〇〇七〕「津軽・南部・下北の飢饉供養塔」、『供養塔の基礎的調査に基づく飢饉と近世社会システムの研究』平成一六年度～一八年度科学研究費補助金研究成果報告書
仙台市史編さん委員会編〔二〇〇四〕『仙台市史　通史編』第五巻・近世三、仙台市
杣田善雄〔二〇〇三〕『幕藩権力と寺院・門跡』思文閣出版
高尾一彦〔一九六九〕『国民の歴史』第一三巻「江戸幕府」、文英堂
高橋敏〔二〇〇五〕『幕末狂乱（オルギー）――コレラがやって来た！』朝日選書
田崎哲郎〔一九八五〕『在村の蘭学』名著出版
田辺哲夫〔一九九一〕「寛政地変と津波被害」、『河内町史　資料編』第三、熊本県飽託郡河内町
中央防災会議災害教訓の継承に関する専門調査会〔二〇〇七〕『一八四七善光寺地震報告書』
塚本学〔一九八三〕『生類をめぐる政治――元禄のフォークロア』平凡社選書。講談社学術文庫、二〇一三年
塚本学〔一九九八〕『徳川綱吉』吉川弘文館
辻達也〔一九六三〕「幕政の新段階」、『岩波講座日本歴史』第一一巻・近世第三、岩波書店
土田衛編〔一九七一〕『かなめいし』愛媛大学古典叢刊刊行会
哲多町史編集委員会編〔二〇一二〕『哲多町史　通史編』新見市
東京市編纂〔一九三四〕『東京市史稿　市街篇』第二〇。覆刻、臨川書店、一九九七年
内閣府（防災担当）〔二〇一三〕『一七〇三元禄地震報告書』
内閣府（防災担当）〔二〇一四〕『一七〇七宝永地震報告書』
中野三敏〔一九九三〕「十八世紀江戸の文化」、中野三敏編『日本の近世』第一二巻「文学と美術の成熟」、

中央公論社
永原慶二〔二〇〇二〕『富士山宝永大爆発』集英社新書。再刊、吉川弘文館、二〇一五年
中村幸彦〔一九八二〕『中村幸彦著述集』第八巻・戯作論、中央公論社
永山卯三郎〔一九二九〕『早川代官』岡山県教育会。第二刷、巌南堂書店、一九七一年
西垣晴次〔一九七三〕『ええじゃないか――民衆運動の系譜』新人物往来社
林基〔一九七一〕『続・百姓一揆の伝統』新評論
尾藤正英〔一九九二〕『江戸時代とはなにか――日本史上の近世と近代』岩波書店。岩波現代文庫、二〇〇六年
ひろたまさき〔一九八七〕「「世直し」に見る民衆の世界像」、『日本の社会史』第七巻、岩波書店
深谷克己〔一九九三〕『百姓成立』塙書房
藤城信幸〔二〇〇八〕『鵜飼金五郎文書』に記された宝永地震による野田村の被害と地盤との関係」、『田原市博物館研究紀要』三号、二〇〇八年三月
藤田覚〔一九八二・八三〕「寛永飢饉と幕政」全二回、『歴史』五九・六〇号、一九八二年一〇月・八三年四月
藤田覚〔一九九五〕「一九世紀前半の日本――国民国家形成の前提」、『岩波講座日本通史』第一五巻・近世五、岩波書店
前川清一〔一九九一〕「津波災害碑」、『河内町史　資料編』第一、熊本県飽託郡河内町
前島郁雄・田上善夫〔一九八三〕「日本の小氷期の気候について――特に一六六一年～一八六七年の弘前の天候史料を中心に」、『気象研究ノート』一四七号、一九八三年三月
前島郁雄〔一九八四〕「歴史時代の気候復元――特に小氷期の気候について」、『地学雑誌』第九三巻七号、一九八四年一二月
松尾美恵子〔一九七八〕「近世中期における大名普請役――賦課方法に関連して」、『徳川林政史研究所研究

紀要』昭和五十二年度、一九七八年三月
水江漣子〔一九七二〕「仮名草子の記録性――「むさしあぶみ」と明暦の大火」、『日本歴史』二九一号、一九七二年八月
峯岸賢太郎〔一九九六〕『近世被差別民史の研究』校倉書房
宮田登〔一九七五〕『ミロク信仰の研究』新訂版、未來社。初版一九七〇年
村田路人〔一九九五〕『近世広域支配の研究』大阪大学出版会
安丸良夫〔一九七四〕『日本の近代化と民衆思想』青木書店
谷田部真理子〔一九八三〕「赤子養育仕法について」、渡辺信夫編『宮城の研究』第四巻・近世篇二、清文堂出版
山口啓二〔一九九三〕『鎖国と開国』岩波書店
横田武子〔一九九七〕「福岡藩における産子養育制度の変遷」、『福岡県地域史研究』一五号、一九九七年三月
吉田伸之〔一九九一〕『近世巨大都市の社会構造』東京大学出版会
善積美恵子〔一九六八〕「手伝普請について」、『学習院大学文学部研究年報』一四号、一九六八年二月
善積美恵子〔一九六九〕「手伝普請一覧表」、『学習院大学文学部研究年報』一五号、一九六九年二月
若水俊〔二〇〇七〕『江戸っ子気質と鯰絵』角川学芸ブックス

倉地克直（くらち・かつなお）

1949年（昭和24年），愛知県に生まれる．京都大学大学院文学研究科博士課程単位取得退学．岡山大学大学院社会文化科学研究科教授などを歴任．岡山大学名誉教授．
専攻，日本近世史，民衆史，文化史．
著書『近世の民衆と支配思想』（柏書房，1996）
『性と身体の近世史』（東京大学出版会，1998）
『近世日本人は朝鮮をどうみていたか』（角川選書，2001）
『漂流記録と漂流体験』（思文閣出版，2005）
『江戸文化をよむ』（吉川弘文館，2006）
『日本の歴史11　徳川社会のゆらぎ』（小学館，2008）
『池田光政』（ミネルヴァ書房，2012）
『「生きること」の歴史学』（敬文舎，2015）など

江戸《えど》の災害史《さいがいし》
中公新書 *2376*

2016年５月25日発行

著　者　倉地克直
発行者　大橋善光

本文印刷　三晃印刷
カバー印刷　大熊整美堂
製　　本　小泉製本

発行所　中央公論新社
〒100-8152
東京都千代田区大手町 1-7-1
電話　販売 03-5299-1730
　　　編集 03-5299-1830
URL http://www.chuko.co.jp/

Published by CHUOKORON-SHINSHA, INC.
Printed in Japan　ISBN978-4-12-102376-6 C1221

中公新書刊行のことば

いまからちょうど五世紀まえ、グーテンベルクが近代印刷術を発明したとき、書物の大量生産は潜在的可能性を獲得し、いまからちょうど一世紀まえ、世界のおもな文明国で義務教育制度が採用されたとき、書物の大量需要の潜在性が形成された。この二つの潜在性がはげしく現実化したのが現代である。

いまや、書物によって視野を拡大し、変りゆく世界に豊かに対応しようとする強い要求を私たちは抑えることができない。この要求にこたえる義務を、今日の書物は背負っている。だが、その義務は、たんに専門的知識の通俗化をはかることによって果たされるものでもなく、通俗的好奇心にうったえて、いたずらに発行部数の巨大さを誇ることによって果たされるものでもない。現代を真摯に生きようとする読者に、真に知るに価いする知識だけを選びだして提供すること、これが中公新書の最大の目標である。

私たちは、知識として錯覚しているものによってしばしば動かされ、裏切られる。私たちは、作為によってあたえられた知識のうえに生きることがあまりに多く、ゆるぎない事実を通して思索することがあまりにすくない。中公新書が、その一貫した特色として自らに課すものは、この事実のみの持つ無条件の説得力を発揮させることである。現代にあらたな意味を投げかけるべく待機している過去の歴史的事実もまた、中公新書によって数多く発掘されるであろう。

中公新書は、現代を自らの眼で見つめようとする、逞しい知的な読者の活力となることを欲している。

一九六二年一一月